카약을 타는 것은 대단히 즐겁다. 때문에 카약 여행을 모두에게 추천한다. 하지만 카약으로 안전하게 바다를 건너기 위해서는 다방면에 걸친 지식과 경험, 그리고 항해 기술이 필요하다. 이런 조건을 갖춘다면, 바다에서 카약을 타는 즐거움이란 이루 말할 수 없다.

알렉산데르 도바

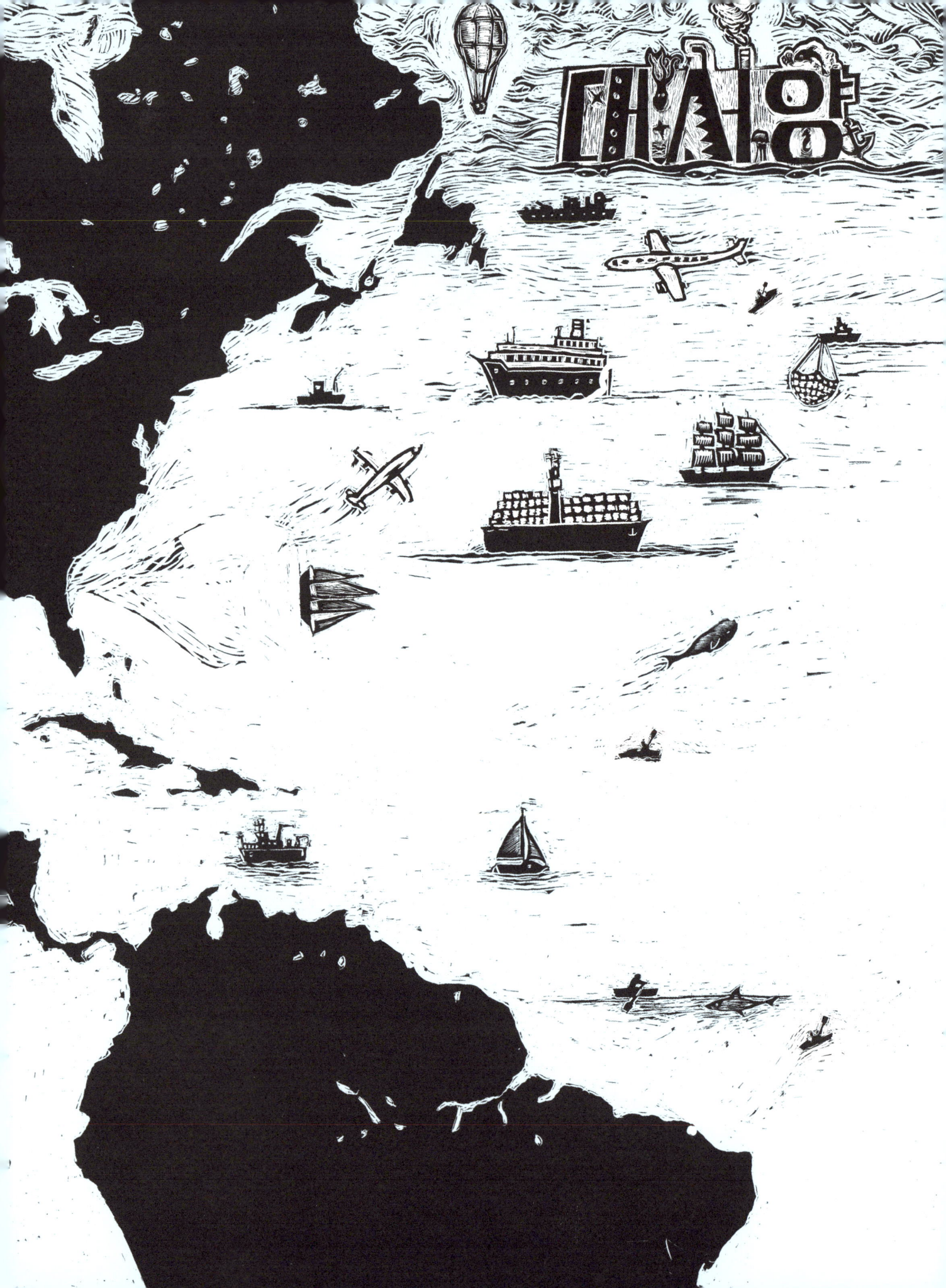

대서양은 82,362,000km²에 이르는 엄청난 넓이의 바다다. 폴란드보다 263배나 더 크다. 유럽과 북미 사이를 가장 멀리 떨어진 지점 기준으로 재면 8,800km다. 바르샤바에서 베를린까지 15번, 혹은 바르샤바에서 파리까지 6번 갈 수 있는 거리이다. 이곳을 건너는 가장 간단하고 쉬운 방법은 비행기를 타는 것이다. 큰 배나 요트, 잠수함을 타고 갈 수도 있다. 어떤 이들은 대륙과 대륙 사이를 작은 요트나 쌍동선을 타고 건너기도 한다. 이 거대한 바다를 엔진도 돛도 쓰지 않고 건넌 사람들도 있다. 그냥 노만 저어서.
이미 수백 명이 대서양을 작은 배나 구명보트, 고무보트만 타고 건넜다. 온몸의 근육을 사용해 노를 저어서. 이 용감한 사람들 가운데 목숨을 잃은 이도 여럿이었다. 지금까지 대서양을 팔 근육의 힘만 이용해서 노를 저어 건넌 사람은 단 한 명, 폴란드의 여행가 알렉산데르 도바이다. 도바는 3번이나 대서양을 건넜다. 아프리카에서 남미까지 가는 길이 가장 짧았고, 춥고 폭풍우가 치는 북쪽 항로인 북미에서 유럽으로 가는 여정이 가장 길었다.

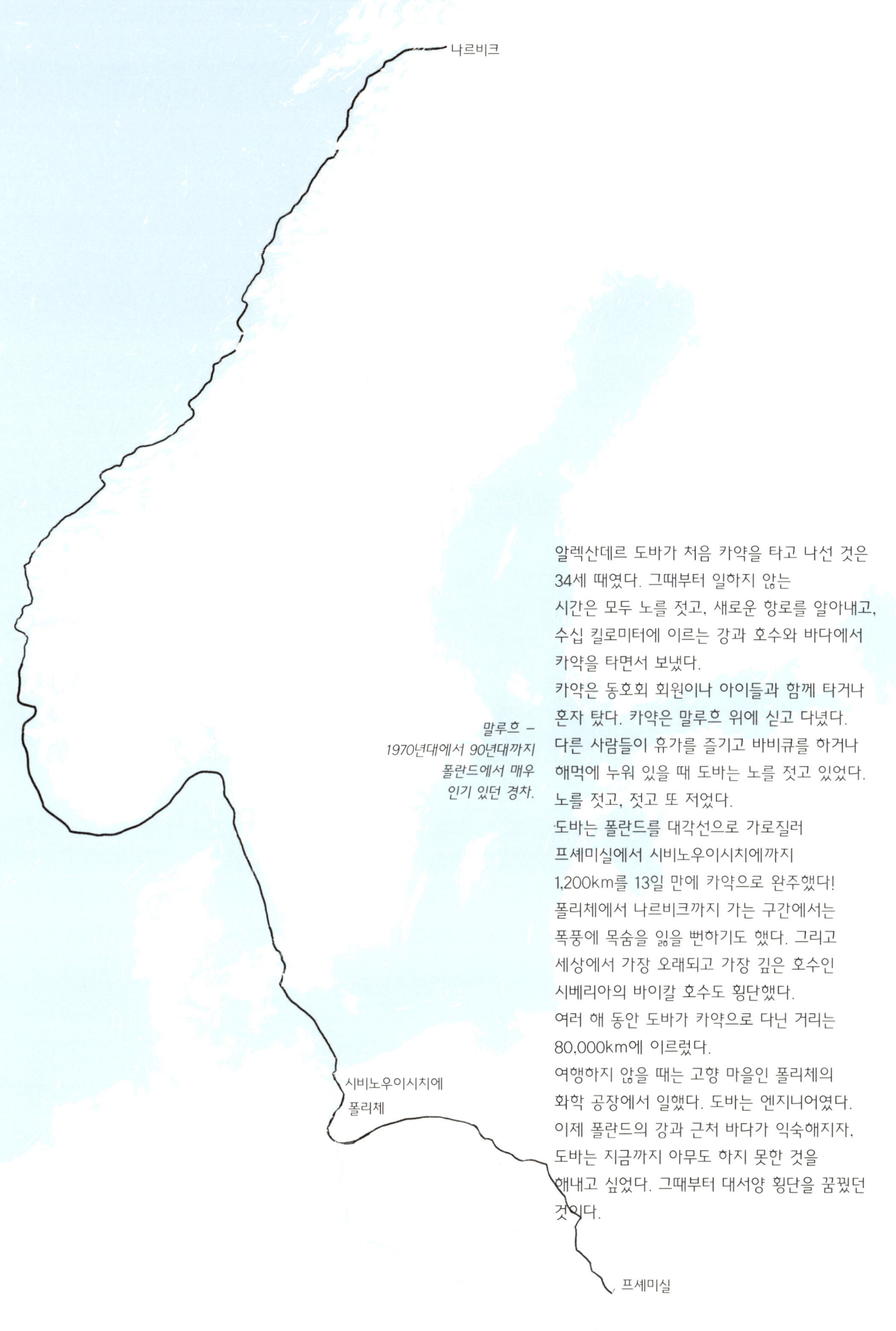

나르비크

말루흐 –
1970년대에서 90년대까지
폴란드에서 매우
인기 있던 경차.

시비노우이시치에
폴리체

프셰미실

알렉산데르 도바가 처음 카약을 타고 나선 것은 34세 때였다. 그때부터 일하지 않는 시간은 모두 노를 젓고, 새로운 항로를 알아내고, 수십 킬로미터에 이르는 강과 호수와 바다에서 카약을 타면서 보냈다.
카약은 동호회 회원이나 아이들과 함께 타거나 혼자 탔다. 카약은 말루흐 위에 싣고 다녔다.
다른 사람들이 휴가를 즐기고 바비큐를 하거나 해먹에 누워 있을 때 도바는 노를 젓고 있었다. 노를 젓고, 젓고 또 저었다.
도바는 폴란드를 대각선으로 가로질러 프셰미실에서 시비노우이시치에까지 1,200km를 13일 만에 카약으로 완주했다!
폴리체에서 나르비크까지 가는 구간에서는 폭풍에 목숨을 잃을 뻔하기도 했다. 그리고 세상에서 가장 오래되고 가장 깊은 호수인 시베리아의 바이칼 호수도 횡단했다.
여러 해 동안 도바가 카약으로 다닌 거리는 80,000km에 이르렀다.
여행하지 않을 때는 고향 마을인 폴리체의 화학 공장에서 일했다. 도바는 엔지니어였다.
이제 폴란드의 강과 근처 바다가 익숙해지자, 도바는 지금까지 아무도 하지 못한 것을 해내고 싶었다. 그때부터 대서양 횡단을 꿈꿨던 것이다.

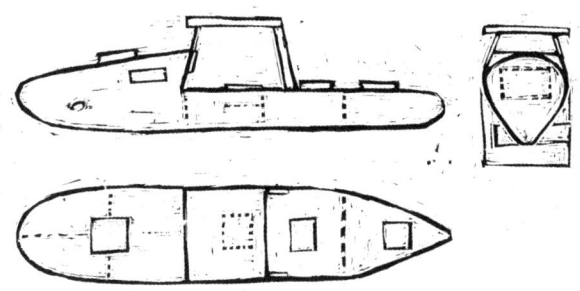

예비 설계도 –
도바가 그린 대서양 횡단
카약의 스케치

설계도

도바는 연필과 공책을 붙잡고 그림을 그리기 시작했다. 그렇게 꿈의 프로젝트, 대서양 횡단 카약이 태어났다. 스케치가 완성되자, 이런 카약을 진짜로 만들어 줄 누군가가 필요했다. 여행가이며 요트 경험이 많고, 요트 공장을 운영하던 안제이 아르민스키가 바로 그 사람이었다. 안제이 또한 선구자였다. 도바의 아이디어와 기술을 믿고, 도바를 돕기로 결심했다.

대서양을 횡단하는 카약

슈체친에 있는 조선소에 카약 제작자들이 모였다. 이들은 도바와 함께 바다에서 일어날 수 있는 모든 일을 검토했다. 강한 바람, 며칠 동안 계속되는 폭풍, 연이어 닥치는 비바람, 집채만 한 파도와 갑작스러운 전복. 카약 안에는 잠자고 요리하기 위한 도구와 그릇처럼 여행에 필요한 살림을 보관할 곳도 필요했다.

몇 달 후 대서양 횡단 카약 '올로'가 탄생했다. 가라앉지 않고, 뒤집어지지 않는 카약이었다. 파도에 뒤집힌다고 하더라도 다시 제자리로 돌아왔다. 보통의 카약과는 다르게 생겼다. 대서양을 그저 흔한 카약으로 건널 수는 없을 테니까!

카약 치고는 큰 편이었다. 하지만 몇 달 동안 꼼짝없이 살아야 할 집이라고 생각하면 작았다. 길이는 7m고 가장 넓은 곳은 1m, 무게는 300kg이었다. 새 카약은 먼저 슈체친만에서 시험 운항을 한 후, 발트해로 나갔다. 거센 바람과 비가 불었던 며칠 동안 도바는 '올로'를 시험해 보았다. 결과는 만족스러웠다. '올로'가 대서양으로 나갈 준비가 된 것이다.

올로, #1

↓ 선실　↓ 조종석　↓ 휘어진 손잡이　↓ 저장고　↓ 방향키
↓ 밧줄 걸이

대서양 횡단 카약 '올로'는 이렇게 생겼다. 시험 운항이 거듭될수록 조금씩 변했다. 도바는 더 편리하도록 카약을 여러 번 개량했는데, 횡단 중에도 이런 노력은 계속되었다.

특별히 고안한 휘어진 손잡이는 카약이 뒤집어지지 않게 했다. 카약이 옆으로 기울면 이 손잡이가 지지해 주었다. 그럼에도 불구하고 사고로 카약이 거꾸로 뒤집힌다면, 손잡이와 요트 아래 있는 60cm 길이의 센터 보드가 카약을 제자리로 바로 되돌렸다.

올로를 노랑과 흰색으로 칠하고 손잡이에 반사 테이프를 붙였다. 어두운 바다에서도 카약이 멀리까지 보여야 했기 때문이다.

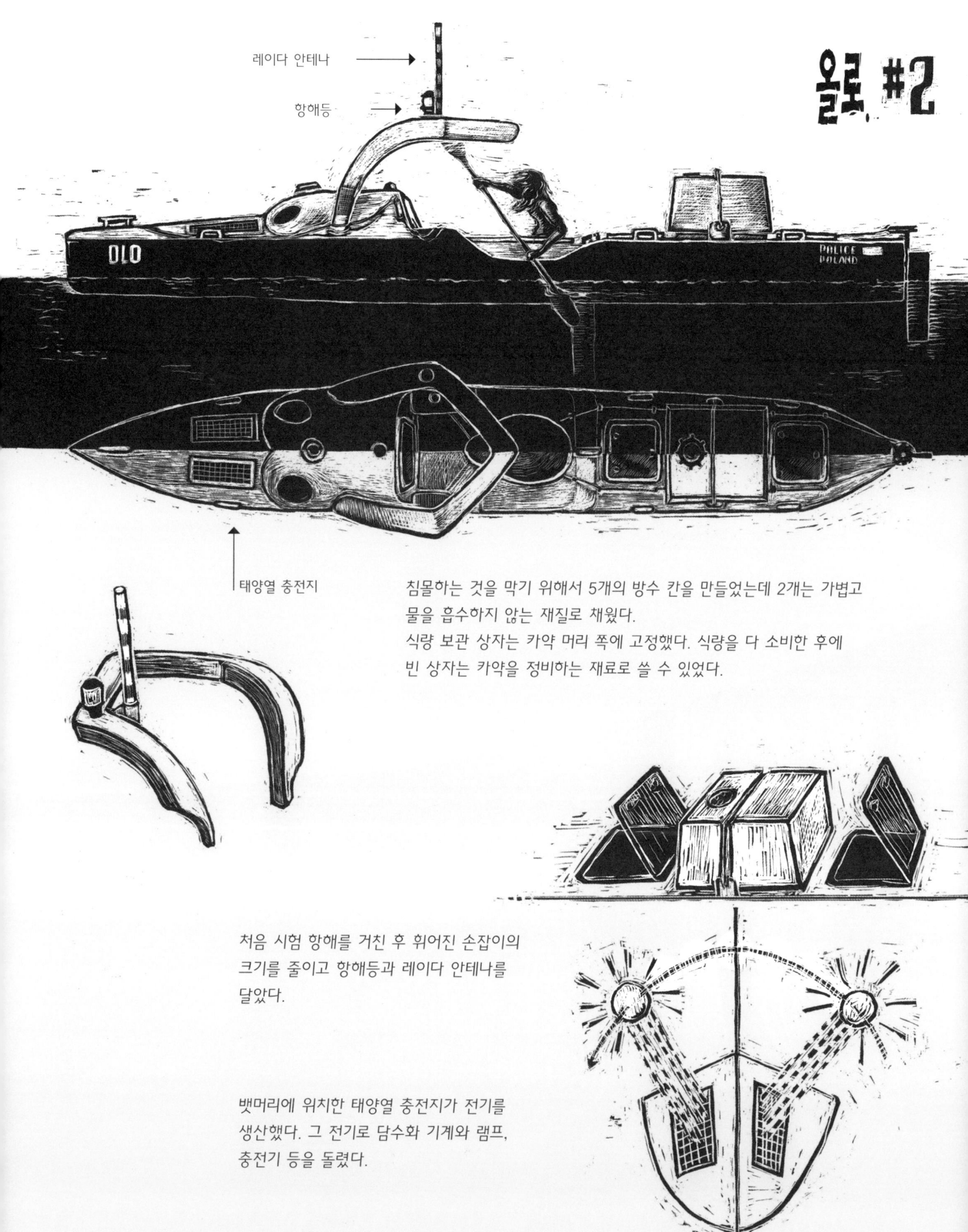

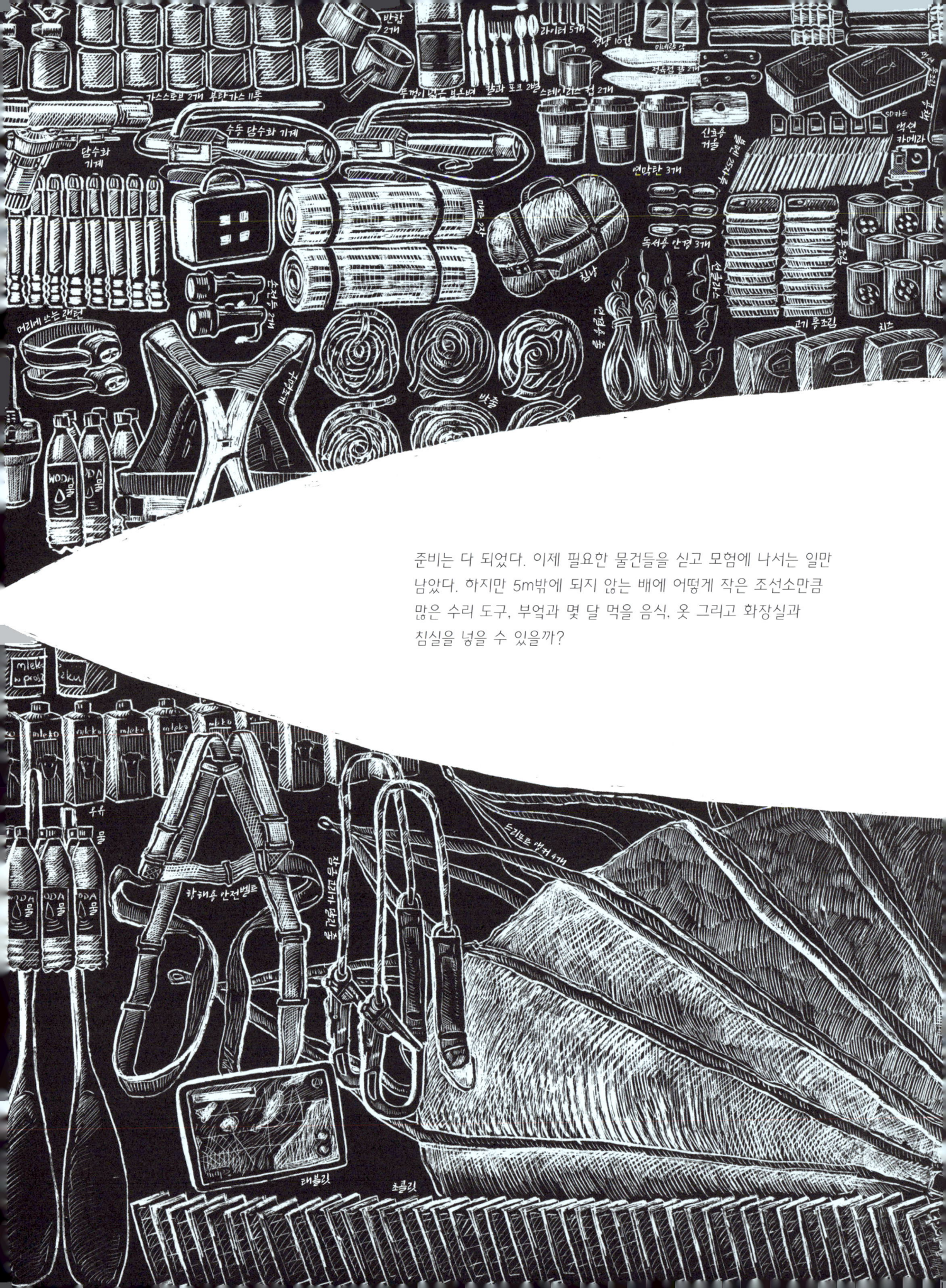

준비는 다 되었다. 이제 필요한 물건들을 싣고 모험에 나서는 일만 남았다. 하지만 5m밖에 되지 않는 배에 어떻게 작은 조선소만큼 많은 수리 도구, 부엌과 몇 달 먹을 음식, 옷 그리고 화장실과 침실을 넣을 수 있을까?

도바는 카약 주위로 짐을 전부 늘어놓고 크게 휘파람을 불었다. 그러고는 짐을 싸기 시작했다. 원칙에 따라 차근차근, 가장 무겁고 잘 안 쓰는 물건부터 가볍고 자주 쓰는 물건까지. 짐칸은 먹을 것으로 가득 찼다. 카약은 마치 고무로 만든 것 같았다. 짐이 전부 다 들어갔다!

카약에는 무엇이 실렸나?

도바의 항해에 꼭 필요한 물건은 다음과 같다. 접는 노(3개), 카약복(5벌), 특수 장갑(2벌), 드리프트 앵커(4개), 구명조끼, 다양한 굵기와 길이의 줄, 줄 2개와 잠금 고리로 연결된 항해용 안전벨트, 부품 보관함(9개).
대서양에서 길을 찾고 위치를 보내는 기기도 필요했다. 신호를 보내는 GPS 위치 송신기(2개), 위치를 찾는 GPS(2개), 위성 전화(2대), 카리브해와 플로리다 해상 지도가 들어 있고 GPS 신호를 잡아 항로를 표시하는 태블릿. 대서양 항해 지도와 선실 밖에 붙어 있는 자석 나침판과 휴대용 나침판도 있었다.
통조림과 병, 봉지에 몇 달 치 음식도 챙겼다. 고기와 생선 통조림, 든든한 콩 요리, 봉지에 든 쌀, 프레츨, 치즈, 사탕, 초콜릿, 말린 과일, 커피, 설탕, 가루우유, 연유, 직접 만든 술, 건조식품 등이었다.

매 끼니를 만들기 위한 가스스토브(2개), 부탄가스(11통), 반합(2개), 뚜껑이 넓은 보온병, 숟가락, 칼과 포크(2벌), 스테인리스 컵(2개), 라이터(5개), 성냥(10갑), 정육점 칼(2개), 담수화 기계 서바이버 E-40, 수동 담수화 기계, 필수 미네랄 약이 필요했다.
카약에는 신호를 보내는 도구와 구명 설비도 있었다. 연막탄(3개), 붉은색 낙하산 조명탄(9개), 붉은색 신호 등불(9개), 이퍼브, 신호용 거울, 비상약, 비상식량(20개), 비상 낚시 도구(2세트).
도바는 매트(2장)와 침낭, 독서용 안경(3개), 공책, A4 종이(20장), 볼펜(25자루), 연필(3자루), 쌍안경, 손전등(2개), 머리에 쓰는 랜턴(2개), 액션 카메라, 방수 카메라(2대), 메모리 카드, 스노클링 세트도 챙겼다.

카약복 -
선실과 도바의 몸에
고정한다. 비가 오지 않을
때는 선실에 파도가
들이치는 것을 막는다.

드리프트 앵커 -
낙하산이나 봉투처럼
생긴 물에 뜨는 닻.
파도 반대 방향으로
저항을 만들어 카약이
떠내려가는 것을 막는다.

건조식품 -
수분을 제거해서 가볍고
오래 보존할 수 있는
음식.

연막탄 -
난파선의 위치와 바람의
방향을 알리는 데 쓰인다.
구조 작업 시 매우
중요하다.

이퍼브 -
바닷물에 젖으면
북극 항로를 도는
위성에 자동으로 신호를
보낸다. 위험에 빠진
배나 사람의 위치를
표시한다.

액션 카메라 -
외부 환경에 구애받지
않고 작동하는
야외 활동용 카메라.

기계 인간

항해 준비는 복잡한 기계를 작동시키는 것과 비슷하다. 아주 사소한 부분도 놓치면 안 된다. 식량이 부족하거나, 노를 잃어버려서 항해의 운명이 갈릴 수도 있다. 도바는 세세하게 계획을 세우고 실천했다. 대서양 횡단 카약은 바다로 나갈 준비를 마쳤다.
물 공급 장치와 발전기, 내비게이션, 식량과 마실 물도 마련했다. 짐도 다 실었다. 이제는 최적의, 가장 안전한 항로를 찾아야 했다. 카약을 조선소에서 항구까지, 그러니까 항해의 시작 지점까지 실어 나르고 도바는 비행기를 타고 가야 한다. 친구들이 돕긴 했지만 후원자를 구하고 항해를 계획하는 책임은 모두 도바의 몫이었다. 도바는 마치 1인 기업이 된 것 같았다.

전략

여러 사람들이 도바의 항해 준비를 도왔다. 카약을 만든 안제이 아르민스키는 풍부한 경험을 나누며 가능한 가장 좋은 항로를 찾도록 도왔다. 둘은 지도를 펼쳐 놓고 오랜 시간 고민했다. 대서양의 바람이 어디에서 어떻게 불고, 위험한 해류가 어떻게 이동하는지, 폭풍우나 비바람이 부는 구역이 어디인지 알게 되었다. 카약 항해에서는 바람 한 점도, 해류도 중요했다. 목표 지점에 다다르게 돕기도 하지만, 큰 장애가 될 수도 있었다.

2010년 10월 5일, 알렉산데르 도바는 아프리카로 가는 막달레나 호에 카약을 실었다. 2주 후 가족과 친구들과 작별 인사를 하고, 어깨에 가방을 메고는 자기 차를 몰고 베를린으로 향했다.

3일 후 도바는 세네갈의 다카르로 가는 비행기에 있었다. 다카르 항구에서 소중한 카약을 넘겨받아 항해를 시작할 계획이었다.

다카르에서는 폴란드 지인이 소개해 준 세네갈 사람 라민이 안내를 해 주었다. 일요일이라 다른 할 일이 없던 도바는 아프리카 도시의 강렬한 색깔과 냄새를 한껏 즐겼다. 라민과 함께 스쿠터를 타고 복잡하고 시끄러운 도시를 누비며 이국적인 음식을 먹었다. 라민의 이웃들은 도바를 친절하게 맞아 주었다.

10월 24일, 막달레나 호는 세네갈에 도착했다. 카약 '올로'는 뱃머리에 자랑스럽게 실려 있었다. 도바는 물과 신선 식품을 더 채웠다. 좋지 않은 소식은, 카약을 물에 띄울 수 없다는 것이었다. 운항에 필요한 절차가 아직 남아 있었다. 허가 서류와 서명, 도장이 더 필요했다. 세네갈 공무원의 협조를 얻기는 쉽지 않았다. 그들은 부탁과 요청에도 꿈쩍하지 않았다. 막달레나 호는 저녁에 떠나야 했기 때문에 선장은 카약을 항구 입구에 내려놓았다.

카약을 내리다

긴장된 며칠이 지났다. 드디어 카약을
바다에 내릴 수 있는 허가가 떨어졌다!
하지만 쉬운 일은 아니었다. '올로'는
항구 입구, 그러니까 바다에서 100m 정도
떨어진 곳에 있었으며, 실린 짐까지 합한
무게는 600kg이었다. 크레인과 운반할
사람이 필요했다. 항만 관리들과 오래
협상한 끝에 지게차로 카약을 들어 올리고,
컨테이너와 상자, 다른 배 들을 피해
카약을 물 위로 옮기기로 했다. 조금이라도
부딪치면 항해가 불가능할 수도 있었다.
지게차 운전자는 항구 끝에 미리 준비된
수레 위에 카약을 내려놓았다.
도바는 카약을 놓을 곳을 면밀히 골랐고,
그 근처로 수레를 갖다 두었다. 크레인
기사가 천천히 카약 머리를 들어 올렸다.
카약이 콘크리트와 바닷물 사이에서
흔들릴 때 도바는 숨을 잠시 멈추었다.
하나, 둘, 셋! 몇 사람이 카약의 옆면을
잡고 바다로 힘껏 밀었다. 성공!
카약을 내리는 일은 항해 전체에서
가장 위험한 순간 가운데 하나였다.

마침내 물 위에

2010년 10월 26일 15시 30분. 도바는 육지를 떠나 조종간에 앉아 노를 물에 적셨다. 첫 번째 카약 대서양 횡단이 시작되는 순간이었다.
파도가 카약을 부드럽게 흔들었다. 상쾌한 바람이 불었다. 준비하는 동안 받은 스트레스가 천천히 사라지기 시작했다. 태양이 수평선 뒤로 지고, 바다에서 혼자 보내는 첫 번째 밤이 찾아왔다. 도바는 잠들 수가 없었다. 해안 가까이에서 운항하는 큰 배와 요트, 조각배 들을 보았다. 대서양이 텅 빈 것이 아니라며 수십 개의 항해등이 신호를 보냈다. 며칠이 지나서야 카약은 해안선에서 멀어졌다. 육지와 주요 항로에서 멀어질수록, 수평선의 배가 점점 줄어들었다. 이제 진짜 항해가 시작된 것이다.

대서양 서쪽에서 자주
보이는 갈조류의 해초.
이 이름을 따서
사르가소해라는 이름이
붙었다. 플랑크톤도 많다.
노에 닿으면 바닷물이
초록색으로 빛났다.
카약이 지나간 자리에는
마치 어두운 밤하늘에
은하수처럼 빛나는 선이
그려졌다.

예상치 못한 방문

왼쪽, 오른쪽, 왼쪽, 오른쪽. 노는 균일하게 물을 저었다. 수평선에 작은 점이 나타났다. 상어 지느러미일까? 배일까? 점은 점점 더 커지더니 통나무배가 되었다. 고기잡이배가 카약의 항로에 등장한 것이다. 도바에게 손님이 나타났다. 저게 뭘까? 해적? 어선? 아프리카 해안에는 해적이 잔뜩 있었다. 영화에서 보는 것처럼 손 대신 갈고리가 달려 있거나 눈가리개를 하고 있지는 않지만, 옛날처럼 배를 공격하고 도둑질을 했다. 갑자기 항해가 위태로워졌다. 카약보다 2배는 더 큰 배가 다가 오고 있었다. 배에 탄 사람들은 고함을 지르며 카약을 자기 쪽으로 끌어당기려고 했다. 도바는 혼자서 노로 배를 밀쳐 내며 접근하지 못하게 했다. 고개를 세차게 저으며, 값나가는 건 아무것도 없다고 전했다. 그리고 아무것도 주지 않겠다는 뜻도. 해적선은 마침내 다른 곳으로 갔다. 위험한 순간은 지나갔다.

조용한 방문

좋은 날씨가 이어졌다. 태양은 빛나고 작은 구름이 가끔 나타나곤 했다. 도바는 멀리서 다가오는 배를 보았다. 사람이 반가워 셔츠를 챙겨 입고 만남을 준비했다.
컨테이너선은 웅장했다. 카약보다 스무 배는 더 길고, 수만 배는 더 무거운 컨테이너선이 손을 흔들고 뛰며 신호를 보내는 도바 바로 앞으로 돌진해 왔다. 하지만 갑판과 선실 그 어디에도 사람은 보이지 않았다.
유령선인가! 컨테이너선은 겨우 30m 차이로 카약을 지나쳤다. 기적적으로 충돌을 피한 것이다.

먼 곳에서의 만남

정다운 만남도 있었다. 거대한 배들이 도바 옆을 지나기 위해 항로를 변경한 적도 있었다. 그런 배를 보자마자 도바는 만남을 준비했다. 쌍안경과 카메라, 그리고 혹시나 배에서 대화하려는 사람이 있을까 해서 단파 라디오도 챙겼다. 외로운 항해 중에 인사와 마음을 나누는 시간은 소중했다. 망망대해에서 작은 카약의 모습은 그 옆을 지나던 뱃사람들에게도 흥미로웠을 것이다.

검은 구름

벌레도 카약을 공격했다. 어떤 것은 검고, 어떤 것은 초록빛이고, 어떤 것은 10mm도 안 되게 작았다. 틈과 빈자리라면 어느 곳이든 비집고 들어왔다. 도바는 매일 몇 시간씩 벌레와 싸웠다. 벌레들을 바닷속으로 쫓아내며 물고기들이 새로운 먹이를 좋아했으면 하고 바랐다.

바다의 동무들

도바를 가장 꾸준히 따라온 것은 마히마히라는 물고기였다. 항해 내내 거의 함께했다. 카약 양쪽에서 호위하듯 따라붙었다. 훈련을 좀 시켜야 했다. 너무 가까이 다가오면 노로 머리를 때렸다. 가끔 마히마히가 다른 물고기를 사냥하느라 몇 미터씩 풀쩍 뛰어올라서 카약에 물을 다 튀기기도 했다. 덕분에 공짜 샤워를 하거나 준비한 음식을 더 짭짤하게 먹을 수 있었다.

작은 함대

2010년 크리스마스 다음 날, 카약 바로 옆에 작은 전구 같은 것이 줄지어 나타났다. 십여 센티미터 정도의 파랗고 투명한 전구처럼 보였다. 바다 한가운데에서 만난 작은 유령 함대. 도바에게 찾아온 것은 '포르투갈 선원'이라는 별명의 고깔해파리 떼였다. 해파리는 물 위에 보이는 파란 부레 같은 갓으로 움직였다. 물 아래로는 최장 몇 미터에 달하는 긴 촉수를 늘어뜨리고 있는데, 이는 사람에게 매우 위험했다.

거대한 함성

밤이 되면 카약 근처는 시끄럽고 어수선하다. 처음에는 놀랐지만 도바는 곧 이것이 돌고래 떼라는 것을 알았다. 돌고래들은 어둠 속에서 재빨리 달리다가 카약 옆에서 멈추곤 했다. 그러고는 갑자기 사라져서 주변이 고요해졌다.

눈에는 눈

어느 날 카약이 무언가에 부딪쳤다. 도바는 깜짝 놀랐다. 지도에는 암초가 없었기 때문이다. 다시 또 어딘가에 부딪치고는 주위를 살피다 자신을 바라보는 상어를 발견했다. 여러 생각할 것 없이 바로 노를 들어 상어의 머리를 때렸다. 상어는 카약 아래로 다시 잠수했다.
상어의 길이는 3.5m나 되었다! 도바 키의 2배나 되는 크기였다. 상어는 또다시 노로 맞고 싶지는 않았는지 가 버렸다.

물 -
바다에서 정말 귀한 식수.
카약에는 몇십 리터의
생수밖에 실려 있지 않아
담수화 기계로 물을
만들어야 했다.

바다의 자장가

고요한 바다에 홀로 있고, 머리 위에서 별이 빛난다면 잠들기 이상적인 조건이 아닐까? 절대 그렇지 않았다. 카약의 선실은 작고 항해 초반에는 식량으로 가득 차 있어서 다리를 펼 자리도 없었다. 바닥에는 얇은 매트를 2장 깔았고 돌돌 만 옷이 베개였다. 도바는 몸을 웅크리고 잤다. 바다가 요람처럼 카약을 흔들다가도 곧 큰 파도가 되어 얇은 카약 바닥을 때리는 바람에 잠에서 깨기 일쑤였다.
공기도 잘 통하지 않았다. 도바는 두세 시간에 1번씩 뚜껑을 열고 환기하며 주변을 확인했다. 그리고 다시 자거나, 노를 저었다.

숨막힐 듯 더운데 갑자기 비가 쏟아지는 상황은 누구나 알고 있을 것이다. 도바에게 비는 소금기를 씻어 주는 상쾌한 샤워와 같았다. 빗물은 식수가 되기도 했다. 휘어진 손잡이 사이로 고무판을 받쳐 빗물을 받았다.

주위에 물이 잔뜩인데 왜 빗물을 받냐고? 바닷물은 짜서 식수로 절대 쓸 수 없다. 바닷물에는 3.5%의 소금이 들어 있다.

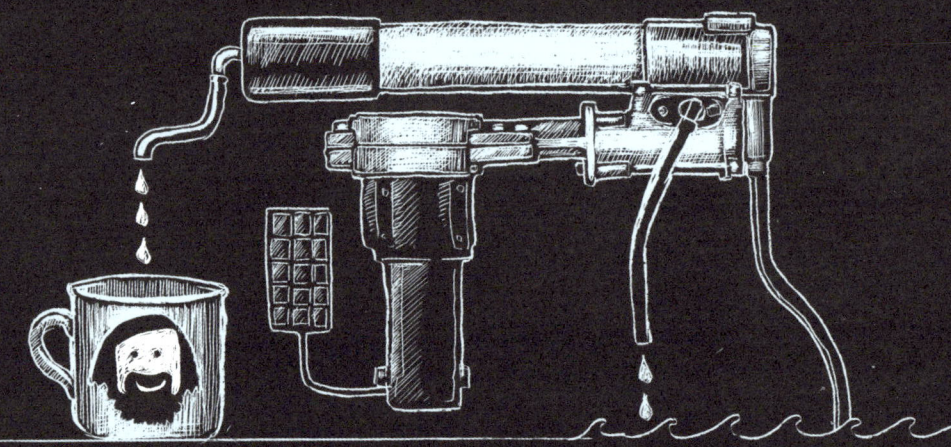

몇 달 동안의 항해에 필요한 몇천 리터의 물을 전부 카약에 실을 수는 없었다. 그래서 도바는 약간의 생수와 함께 담수화 기계를 챙겼다. 하나는 전기로 작동하는 것이고 2개는 수동이었다.

대서양 한가운데서 커피 만드는 법

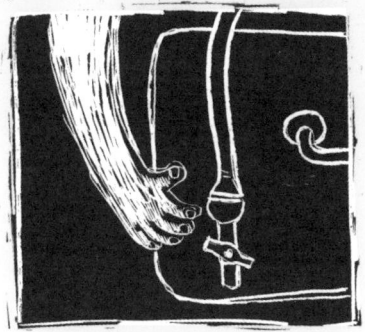

짐칸으로 들어가 바닷물이 들어오도록 마개를 연다.

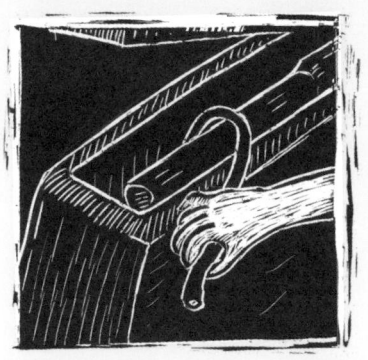

담수화 기계의 호스를 끌어당기고 기계를 작동시킨다.

몇 분 후 플라스틱 컵을 받쳐 놓고 수질을 확인한다.

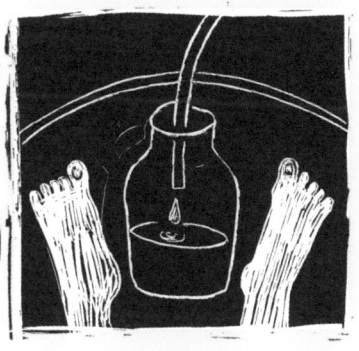

큰 병을 조종석에 놓는다. 물이 병에 똑똑 떨어지기 시작하면 노를 저어도 된다.

검은 고무 주머니에 물을 담고 카약 표면에 올려놓는다. 태양이 물을 덥히도록 기다린다.

가스스토브를 켜고 데워진 물을 알루미늄 냄비에 넣어 끓인다. 냄비가 넘어지지 않도록 조심. 매트로 바람막이를 만든다.

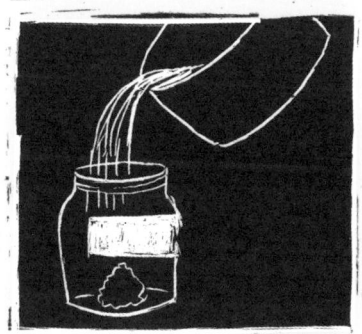

커피 두 숟가락을 넣는다. 뜨거운 물을 붓는다. 병마개를 닫고 힘차게 흔든다.

병마개를 연다. 튜브에 든 우유를 넣는다. 커피 완성! 수천 킬로미터 근방에서 최고로 맛있는 커피.

바다 위의 식사

하루에 몇 끼를 먹어야 할까?
세 끼, 네 끼, 다섯 끼? 아니면 간식을
자주? 도바가 대서양을 카약으로 건너기 위해
얼마나 많은 식량을 실었을지 생각해 보자.
아침, 점심, 저녁. 건강을 유지하고 노 저을
힘을 얻기 위한 끼니. 도바는 오래가고 자리를
차지하지 않는 음식, 그러니까 가루 수프,
건조식품, 통조림, 쌀, 시리얼, 콩, 파스타,
딱딱한 치즈, 단것, 가루우유와 연유,
인스턴트커피와 원두커피, 마른 과일 등을
먹었다. 신선한 빵이나 집에서 구운 케이크의
맛은 오랫동안 잊어야만 했다.

습기는 어떻게 생기나?
따뜻한 공기가 물을 흡수
한다. 해가 없고 기온이
낮은 밤이 되면 습도가
높아진다. 한여름 더운 날
풀밭에 생기는 이슬을
도바는 카약에서
경험했다. 카약 표면이
이슬로 축축해지고
선실까지 젖었다.

매일의 식사

도바가 가장 좋아하는 메뉴는 쌀과 중국식
닭 요리였다. 다른 요리처럼 건조식품이었다.
음식이 들어 있는 봉투를 찾아 그릇에 넣고
뜨거운 물을 부으면 되었다. 몇 분 후에 봉투가
부풀어 오르면 조리 완성! 신선 식품만큼의
영양가와 미네랄이 들어 있었다.
이런 음식의 가장 큰 적은 습기였다.
도바가 횡단한 대서양의 따뜻한 지역은
매우 습했다.

하늘을 나는 횟감

메뉴가 다양해지는 건 예상치 못한 손님들 덕이었다. 가끔은 바다에서 무언가 튀어 올라서 200m를 날아 또다시 바다로 들어가고는 했다. 날치였다. 날치는 가슴지느러미를 이용해 물 위로 튀어 오르고 시속 90km의 속도로 날았다. 가끔은 도바와 부딪치기도 했다. 상당히 아팠다. 하지만 조종석으로 날아 들어와 단조로운 식사에 변화를 주기도 했다. 하늘에서 먹을 것이 떨어지는 것은 드문 일이지만, 이따금 날치가 그랬다.

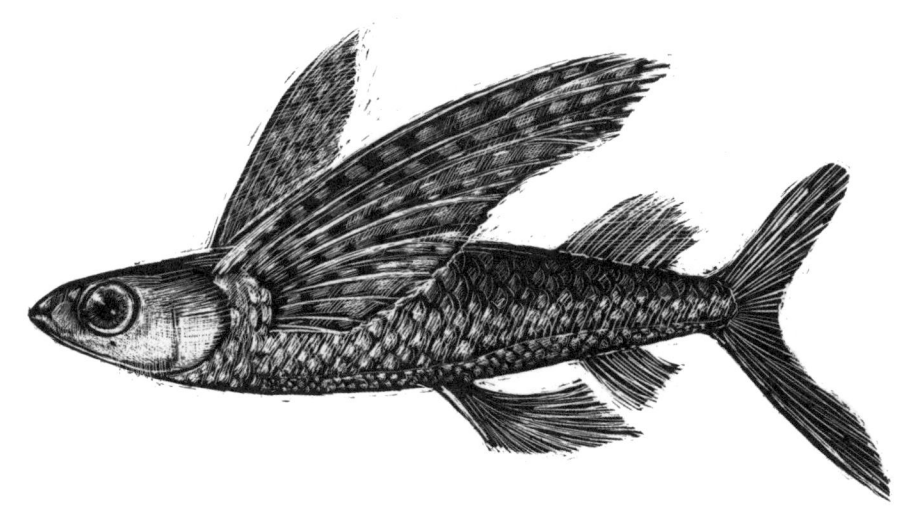

바다 목욕

태양이 뜨겁게 타올랐다. 따뜻한 바다에서 하는 목욕은 상쾌할까? 계속해서 노를 젓느라 덥고 등이 땀에 젖은 도바 역시 그렇게 생각했다. 바닷물에 적신 스펀지를 머리 위에서 짜거나 물을 끼얹는 정도로는 충분하지 않았다. 깊은 바다로 들어갈 때가 된 것이다!
도바는 노를 잘 묶고, 카약 벨트를 매고 배 끝에 앉아 만족스럽게 발을 물에 담갔다. 그 순간 바다에 거대한 지느러미가 나타났다. 상어와의 목욕은 대단한 모험임에 틀림없지만, 생의 마지막이 될 수도 있었다. 도바는 얼른 발을 끌어당겼다. 주위에 물이 가득했지만, 목욕은 바가지로 할 수밖에 없었다.

체육 시간

노를 젓는 것만으로는 몸의 유연함을 유지할 수 없다. 하루에 1번 도바는 카약을 체육관으로 만들었다. 이때에는 평소 움직이지 않는 부분, 주로 다리 운동을 했다. 그리고 휘어진 손잡이를 잡고 몸을 흔들며 스트레칭을 했다.

바다 화장실

카약에서 어떻게 볼일을 봤을까? 카약에는 가려진 공간이 없다. 도바는 뻥 뚫린 하늘 아래서 휘어진 손잡이를 잡고 배 뒤쪽에서 일을 봐야 했다. 하늘을, 아니 사실은 도바의 엉덩이를 군침 흘리며 바라보는 위험한 물고기들과 함께하곤 했다.

바람장미 –
방위가 표시된 그림.
예전에는 지도에
표시되어 있었다. 나침판에도
자석 바늘 아래에
바람장미가 그려져 있다.

나침판

바다에는 길도 없고 표지판도 없다. 하지만 항해사들은 아주 간단하거나 아주 복잡한 항해 도구를 이용해 바다를 누빈다.
대서양을 건너려면 도바는 자신의 위치가 어디인지, 그리고 어느 방향으로 가야 할지 알아야 했다. 수세기 동안 항해에 쓰였던 해양 지도와 나침판, 그리고 위성을 이용한 현대식 장비인 GPS를 이용했다.

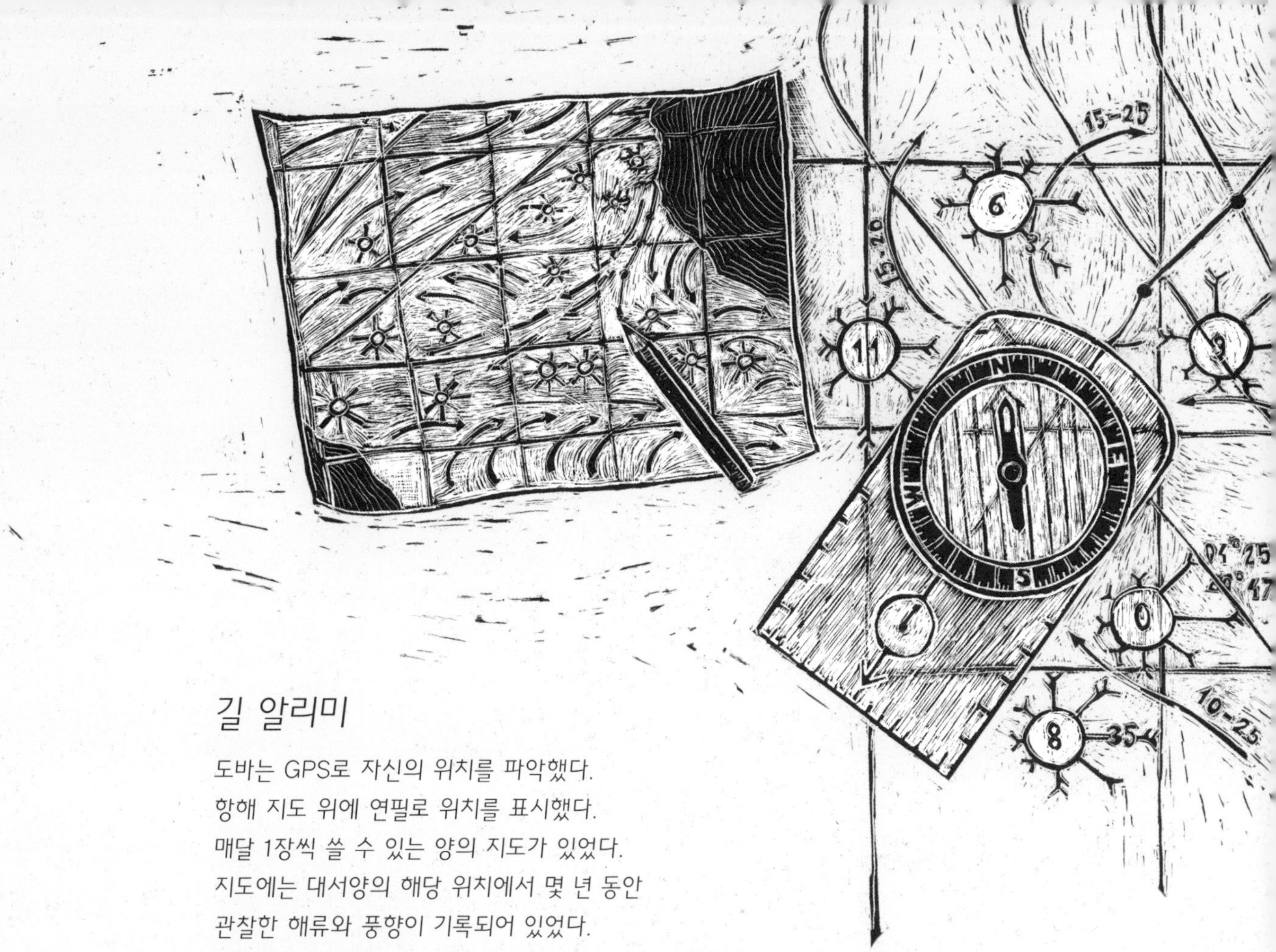

길 알리미

도바는 GPS로 자신의 위치를 파악했다.
항해 지도 위에 연필로 위치를 표시했다.
매달 1장씩 쓸 수 있는 양의 지도가 있었다.
지도에는 대서양의 해당 위치에서 몇 년 동안
관찰한 해류와 풍향이 기록되어 있었다.
통신이 되는 곳에서는 안제이 아르민스키에게
문자로 정보를 받았다. 지도 위에는 가야 할
길이 표시되어 있었다. 나침판을 계속 살피면서
길을 벗어나지 않도록 주의해서 노를 저었다.

GPS -
위성 신호를 받아
운항하는 시스템. 지구를
도는 위성의 신호로
사람이나 차, 비행기,
배 등의 지리상 위치를
알 수 있다.

북극성

어떤 비상 상황에도 쓸 수 있는 가장
오래된 표지판은 별이다. 하늘만 맑다면.
아주 옛날부터 여행자들은 별을 이용했다.
북반구의 안내자는 북극성이다. 어둠이
내리자마자 북극 바로 위로 떠오른다.
남반구에는 남십자성이 뜬다.
도바는 옛 항해사들처럼 낮에는 나침판으로
항로를 맞추고, 밤이면 별을 하나 정해서
카약 머리를 그쪽으로 향하게 노를 저었다.

라디오 전파

120년 전이었더라면 바다 위 카약과 육지와의 통신은 편지를 넣은 병이나 통신 비둘기, 아니 통신 갈매기뿐이었을 것이다.

1895년 라디오와 라디오 전파의 발명으로 통신의 새 시대가 시작되었다. 바다에서도 자신의 위치를 알리고 육지와 통신을 할 수 있게 된 것이다. 덕분에 도바와 가까운 사람들은 며칠에 1번씩 위성 전화로 통화를 하거나 카약의 위치를 신호로 받을 수도 있었다.

통화

전화가 울리면 노를 젓던 도바가 받아서 아내와 반갑게 안부를 나누었을까?
그렇지 않다. 바다 위에서의 통화는 전혀 달랐다.

전화는 습기가 차지 않도록 선실에 꺼진 채로 보관했다. 항해 내내 써야 하기에 건전지를 아껴야 했다. 그래서 통화는 날짜와 시간을 정해서 했다. 보통 일주일에 3번, 저녁 7시가 그 시간이었다. 시간이 다가오면 전화를 방습 포장에서 꺼내 팔을 한껏 쳐들어 신호를 잡았다. 그리고 벨이 울리길 기다렸다.

폭풍우 때는 통신이 불가능했다. 통화 요금은 매우 비쌌다. 그래서 가족과 친구들의 안부는 거의 문자로 주고받았다.

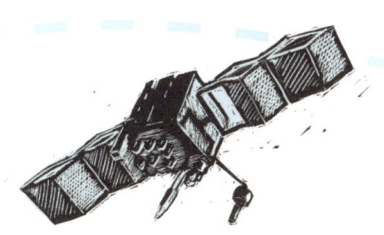

바다 위의 점

GPS 위치 송신기 덕분에 도바의 주변 사람들은 안심할 수 있었다. 건전지로 동작하는 이 작은 기계가 10분에 1번씩 카약의 위치를 전송했다. 안제이 아르민스키 역시 GPS 덕에 도바의 위치를 알 수 있었다. 그에 맞게 기상 예보를 보내고, 폭풍우를 피하기 위해 어떤 항로로 가야 하는지, 알맞은 바람이 어디에서 부는지 알려 줄 수 있었다.

용오름 –
매우 빠른 속도로
회전하며 움직이는
바람기둥. 바다에서
생겨난다. 어느 날은
도바의 카약 바로 앞에서
춤추다가 순식간에
사라져 버렸다.

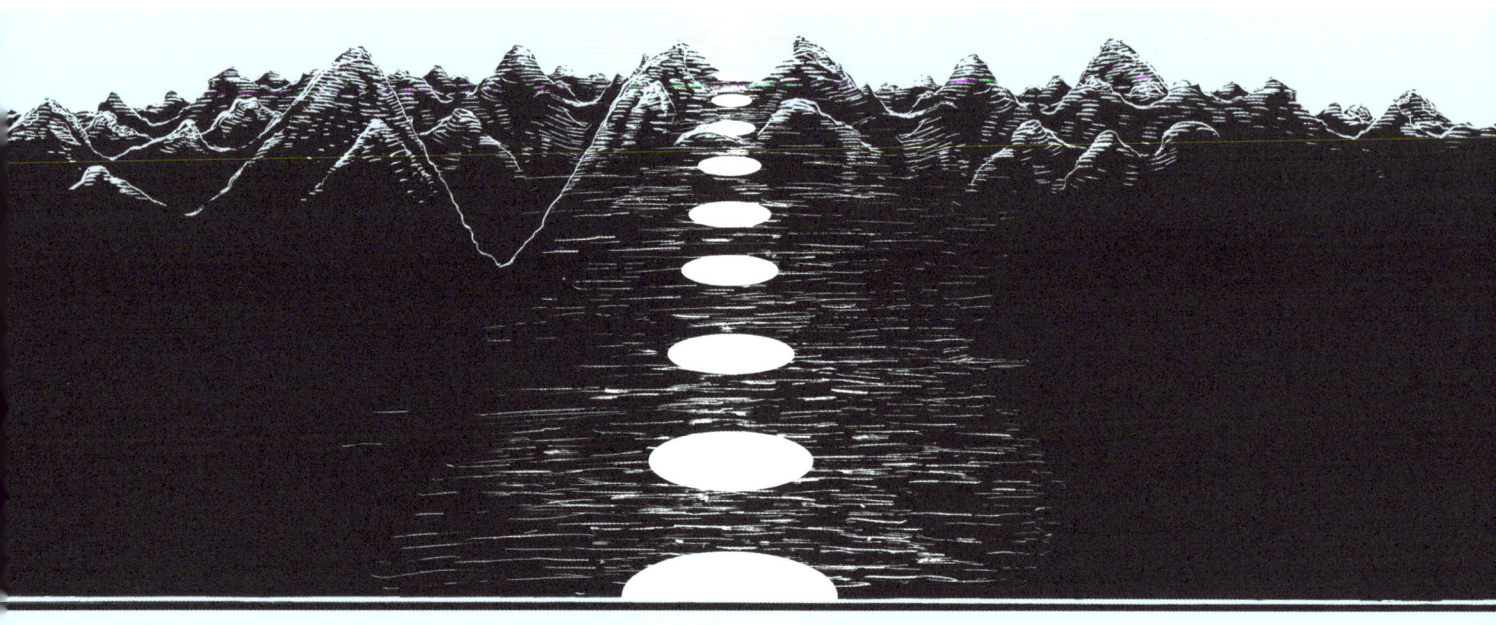

바닷속의 산과 계곡

바다 밑은 육지와 비슷한 모양이다. 식탁처럼 판판한 것이 아니라 깊은 협곡과 동굴, 계곡, 고원과 산도 있다. 단지 모두 바닷물에 잠겨 있을 뿐이다. 바다에 얕게 떠 있는 가벼운 카약은 이런 바다 밑 지형에 큰 영향을 받았다.

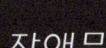

장애물

도바는 그날도 열심히 노를 저었다. 바람은 없었다. 그럼에도 불구하고 며칠 전부터 한자리에서 벗어나지 못했다. 아니 사실 북아프리카 방향으로, 뒤로 물러나고 있었다. 왜일까? 도바는 항해 지도를 꺼내 비닐을 벗기고 탐정처럼 어떤 숨겨진 힘이 카약을 앞으로 나아가지 못하게 하는지 추적했다. 답은 옛날 지도인 바다 밑 지형도에 있었다. 카약은 바다 밑의 시에라 레오네산 위에 있었던 것이다. 이 산의 높이는 700m로, 바다의 평균 깊이인 5,000m에서 삐쭉 솟아나 있었다. 이런 곳에서 물은 훨씬 빨리 흐른다. 커다란 배나 요트는 물살이 조금 빨라져도 큰 영향을 받지 않는다. 하지만 '올로'에게는 거의 넘을 수 없는 장애물과 같았다.
이 사실을 안 도바는 충격에서 빨리 벗어나려 애썼다. 카약을 물살에 수직으로 놓고 바람이 불 때를 이용해 미친 듯이 노를 저었다. 몇 시간 후 도바는 바닷속 산의 덫에서 벗어날 수 있었다.

해류

바다는 한 덩어리의 물이 아니다. 오히려 여러 방향으로 흐르는 거대한 강들의 모임과 비슷하다. 해류는 어디에서 올까? 우리는 느끼지 못하지만 지구는 자전하여 물을 움직인다. 해류의 생성에는 바람과 물 사이의 온도도 작용한다. 차가운 물은 밀도가 높고 따뜻한 물은 낮다. 그래서 따뜻한 물이 바다 표면 가까이 흐른다. 바람처럼 해류 역시 배가 움직이는 데에 큰 영향을 끼친다. 해류를 거슬러 가면 물의 저항을 받아 더 천천히 가거나 더 많은 연료를 쓸 수 밖에 없다.

카약이 가는 방향과 반대로 흐르는 해류와 만난다면 배를 움직이기 위해 더 많은 힘이 필요하다. 그 힘은 오로지 카약을 젓는 사람의 근육에서 나온다.

항해를 계획하면서 도바는 어느 해류가 유리하고, 어느 해류가 힘들지 알아보았다. 첫 번째 항해에서 가장 힘들었던 것은 우세 편동풍(태평양과 대서양의 위도 5도 정도에서 동쪽으로 부는 바람)이었다. 10주 동안 여러 방향으로 카약을 움직였다. 계속된 노력으로 예상하기 힘들었던 이곳의 바람을 겨우 벗어날 수 있었다.

세상에서 가장 큰 강

도바는 북아메리카에서 유럽 방향으로 흐르는 세계 최대 해류인 멕시코 만류로 들어섰다. 이곳에는 세상에서 가장 큰 강인 아마존보다 150배나 많은 물이 흐른다. 도바는 플로리다에 닿기 위해 이 거대한 해류를 가로질러야 했다. 해류의 속도는 시속 9km에 파도의 높이는 거의 7m, 그러니까 2층짜리 건물만 했다.

카약은 커다란 거인과 맞서 싸우는 것 같았고, 도바의 노 젓는 기술은 시험대에 올랐다. '올로'와 도바는 그 시험을 통과했다. 수십 시간 동안의 싸움 끝에 알렉산데르 도바는 멕시코 만류를 거슬러 플로리다만에 근접했다.

기상 캐스터

기상 상태를 예측할 때는 일기 예보가 필요했지만, 물과 구름을 관찰하는 것이 가장 큰 도움이 되었다. 모양과 밀도, 색으로 많은 것을 읽어 낼 수 있었다. 작은 편적운들이 적운으로 뭉치고, 적운들이 거대한 적란운으로 커지면 곧 폭풍우가 온다는 신호였다. 하늘은 물 먹은 담요처럼 무거워졌다. 바다는 잉크 색깔처럼 진해졌다. 파도는 점점 높아져서 2m에서 5m, 그리고 10m가 되었다.

편적운 – 편적운, 적운, 적란운은 모두 구름 이름.

폭풍우 – 세차고 갑작스러운 비. 보통 몇 시간 동안 내리고, 천둥과 번개를 동반한다. 대서양에서는 폭풍우가 연이어 몰려오기도 한다.

폭풍 – 매우 센 바람으로 며칠 동안 계속되기도 한다. 자주 비를 동반한다.

폭풍우

도바는 변하는 주위 상황을 살피고 준비를 시작했다. 선실의 뚜껑을 닫고 앉았다. 조종석의 덮개를 닫았다. 카약복을 입고 안전벨트를 맸다. 조종석 입구 문고리에 달린 줄을 허리에 묶었다. 노를 잡았다. 이때 첫 번째 스콜이 몰아치고 소나기가 내리기 시작했다. 도바는 노를 이용해서 카약을 파도에 수직이 되도록 유지해야 했다. 파도가 카약 옆을 때리면 카약은 빙글빙글 돌거나 뒤집어질 수 있었다. 계속해서 노를 젓고 방향을 잡으며 원하지 않는 방향으로 밀려 나가지 않도록 노력해야 했다.

폭풍

며칠 동안 폭풍이 몰아치면 도바는 선실에 피해 있었다. 바람이 카약을 항로에서 밀어내도 어쩔 수 없었다. 세찬 폭풍은 순식간에 카약을 항로 바깥으로 떠밀었다. 몇 시간 미친 듯이 노를 저어 봐야 허사였다. 이때 유용한 것은 기다란 줄에 낙하산 같은 천이 붙어 있는 드리프트 앵커였다. 물속에 잠기면 물의 압력을 받아 펴지는데, 어느 정도는 바람의 힘을 막아 주었다. 다른 중요한 역할은 카약 머리를 파도에 맞서는 방향으로 고정하는 것이다. 수평선에 위험 상황이 나타나면 도바는 드리프트 앵커를 카약 밖으로 던져 놓고 선실에 들어가서 폭풍이 지나가기를 기다렸다.

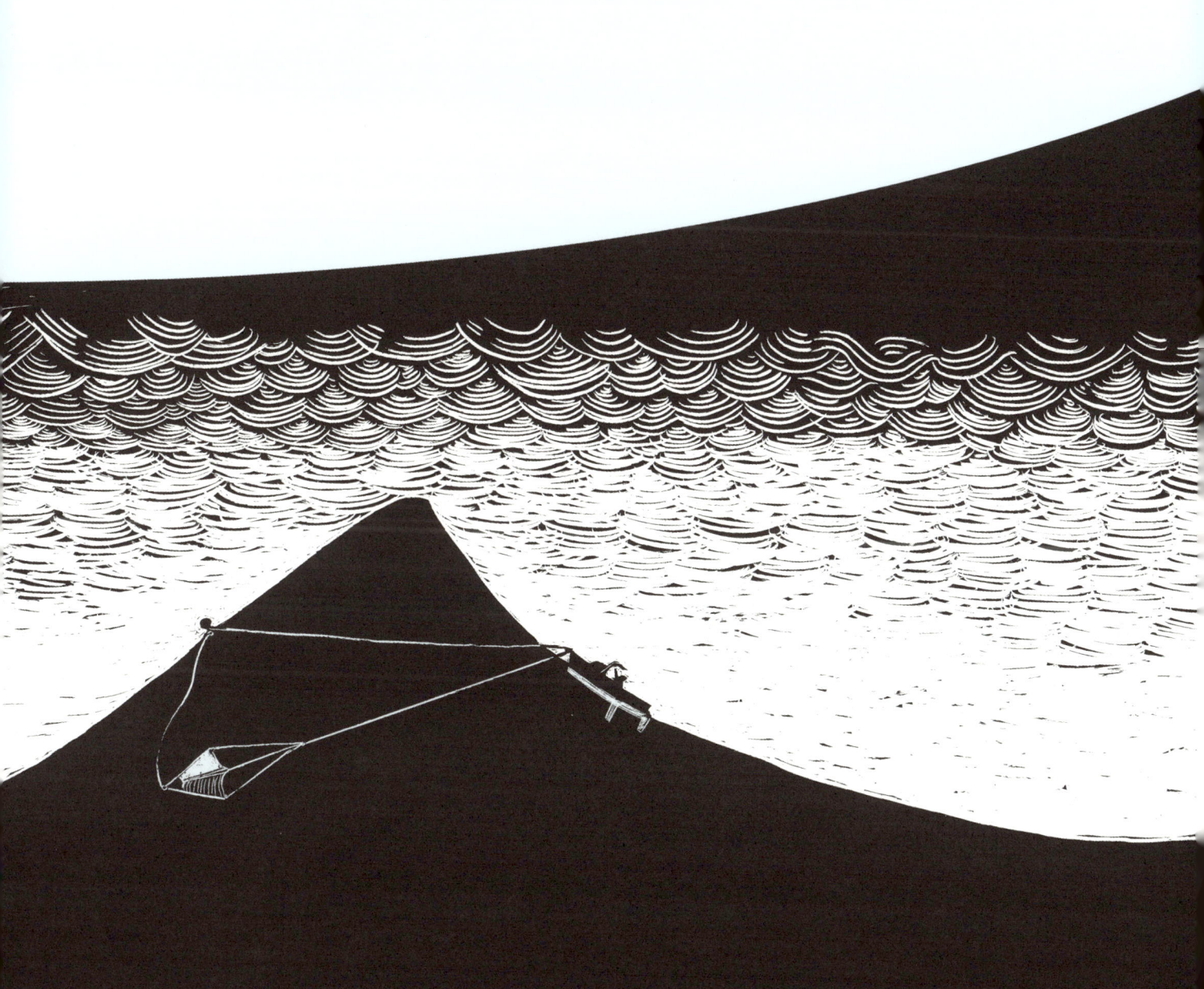

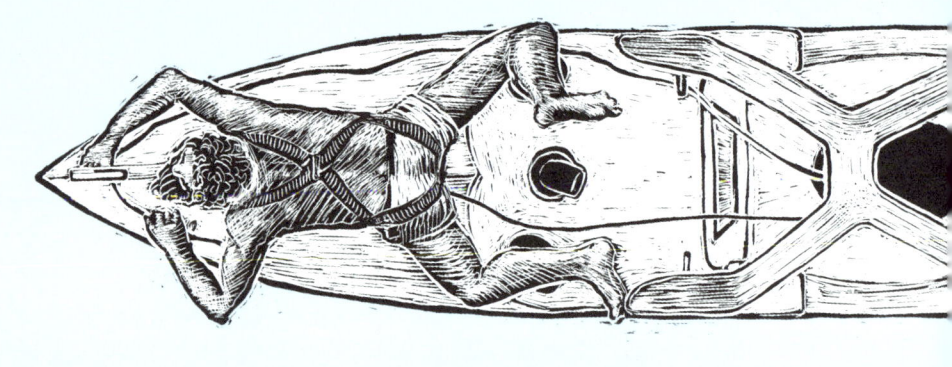

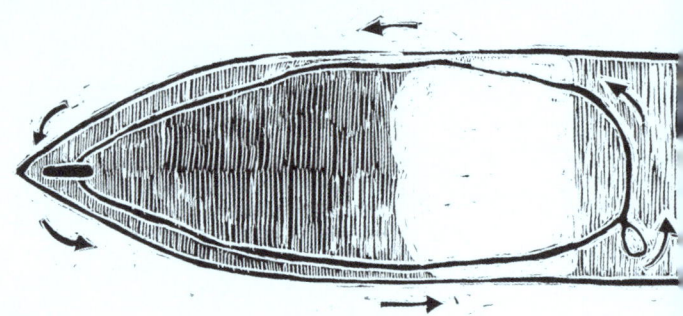

카약 앞쪽 손잡이에 꿴 고리가 컨베이어 벨트처럼 작동한다. 드리프트 앵커의 선을 묶고 당겨서 매듭을 만든다. 그리고 반대 방향으로 돌려 뱃머리의 손잡이에 꿴다.

조종석의 구멍

연이은 폭풍과 맞서며 도바는 계속 카약을 고쳐 나갔다. 조종석과 선실을 분리하는 벽에 구멍을 뚫고 줄을 통과시켰다. 그리고 그 줄을 선실에 있는 페달에 묶었다. 이제 폭풍이 몰아쳐도 조종석에 앉아서 카약을 조종할 수 있게 되었다.

극한 항해

도바는 카약 앞머리로 가서 손잡이에 줄을 끼워 넣어야 했다.
파도에 흔들리는 카약에서 이것은 쉬운 일이 아니었다.
도바는 안전벨트를 매고 손에 줄을 잡았다. 선실 지붕으로 올라가
조심스럽게 누웠다. 달팽이처럼 바닥에 딱 달라붙어 카약 끝까지
기어갔다. 카약 옆에서 헤엄치는 상어들과 시선이 마주쳤다.
도바가 실수하기를 기다리는 녀석들이었다. 파도가 카약을 위로 아래로
위로 아래로 움직였다. 상황이 점점 더 나빠졌지만 도바는 침착하려고
애썼다. 조심스럽게 끈을 카약 머리의 손잡이에 묶고 다시 조종석으로
물러났다. 거기서 양쪽 끝을 묶으니 컨베이어 벨트가 완성되었다.
극한의 과제를 완벽하게 달성한 것이다.

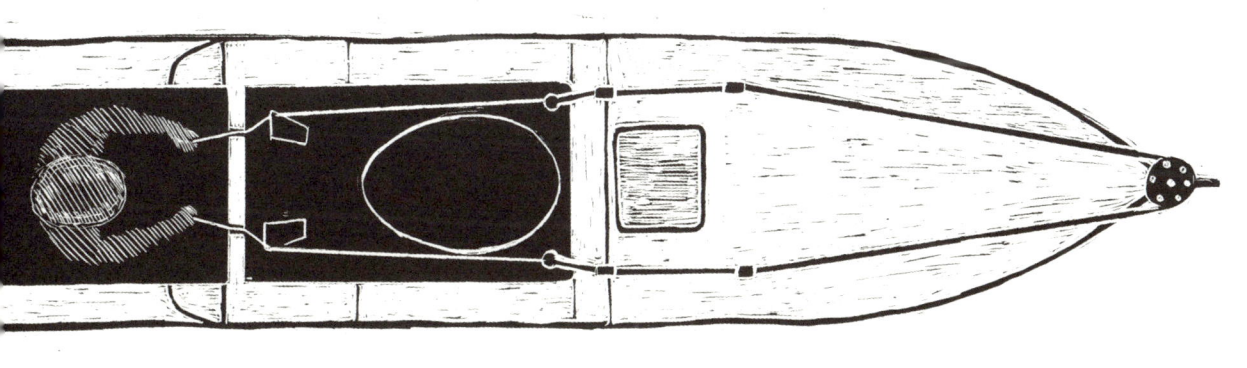

노를 젓다가 잠시 쉬는 시간에도 지루할 틈은 없었다. 고장 난 것이 있으면 고쳐야 했다. 더 나아질 수 있는 것은 바꿨다. 엔지니어 본능은 잠들 틈이 없었다. 어떻게 하면 바다에서 조금이라도 더 편하게 지낼 수 있을지 아이디어를 짜내고 고치고 일했다.

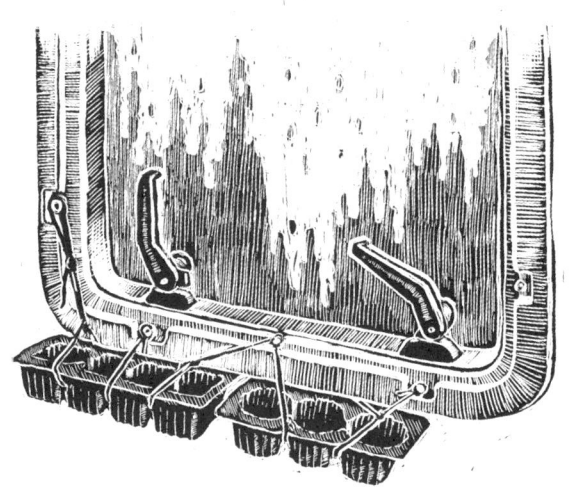

특급 호텔은 아니어도

카약의 환경을 바꿔야 할 때가 왔다. 도바는 잘 때 숨이 막히지 않도록 선실 뚜껑을 조금 열어 놓았다. 그러면 카약 옆에서 부딪치는 파도가 자고 있는 도바의 얼굴에 바닷물을 끼얹고는 했다. 어느 날 도바는 디저트를 먹고 나온 플라스틱 그릇으로 멋진 홈통을 만들어 선실 뚜껑에 달았다.

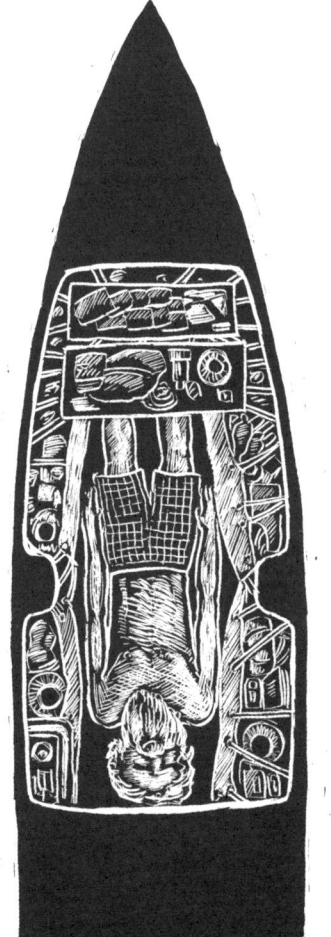

인테리어 디자이너

한번은 내부 공간을 더 효율적으로 사용하기 위해 새로운 가구를 만들기로 했다. 선실 옆에 줄을 열심히 모아 엮어 빽빽한 그물을 만들고 매트를 반 잘라 그 위에 얹었다. 지금까지 선실 앞쪽 바닥에 놓여 있던 물건들을 이 위로 잔뜩 올릴 수 있게 되었다. 드디어 도바가 발을 뻗고 누워서 잘 수 있게 된 것이다!

어떤 상자 이야기

두 번째 대서양 횡단을 떠나며 도바는 유리 섬유로 만든 상자 하나를 카약에 실었다. 여기에는 선실에 들어가지 않는 식량을 넣었다. 상자는 여러 가지로 쓰였다. 짐을 넣는 것은 물론, 식량을 다 먹은 후에는 카약을 고치는 재료가 되었다.

가림막

면도칼로 상자를 톱질해서 만든 가림막. 선실로 들어가는 입구에 세워 바닷물이 들이치는 것도 막을 수 있었다. 침실 환경이 점점 더 나아졌다.

자동 조종간

가림막을 만들고 남은 상자로 도바는 자동 조종간을 만들었다. 키 앞에 붙인 작은 플라스틱 닻이 그것이었다. 도바가 잠을 잘 때 바람이 불면 조종간의 위치가 변했다. 그래서 선장이 쉴 때도 카약은 항로에서 벗어나지 않을 수 있었다.
이렇게 만든 조종간을 붙이는 일이 문제였다. 용감한 도바는 또 몸에 줄을 칭칭 묶었다. 주머니칼이 전동 드릴을 대신했다.

소금물

도바는 굳센 사람이었다. 힘들어도 불평하지 않았다. 혼자 하는 횡단이라 불평을 늘어놓을 사람도 없기는 했다. 항해의 성공은 잘 작동하는 기기와 노 젓는 사람의 인내에 달려 있다는 것을 도바는 잘 알고 있었다. 자기 몸이 고장 나서 항해를 망치는 일은 있을 수 없었다.

도바는 노를 잡는 것이 엄청나게 고통스러울 때도 노 젓기를 멈추지 않았다. 소금물은 피부를 약하게 하고 손바닥에 상처를 냈다. 습기와 소금기 때문에 상처는 쉽게 낫지 않았다. 피부에 두드러기가 돋고 눈이 아픈 것 역시 힘들었지만, 도바는 그런 고통과 함께 사는 방법을 터득했다. 육지에서 다소 성가신 문제였던 것이 바다에서는 엄청난 문제가 될 수도 있었다. 의사의 도움을 받거나 필요한 약을 구할 수도 없었다. 자기 몸은 자기가 돌보고, 이런 모든 문제를 참아 내야 했다.

태양

햇빛 아래서 노를 젓는 것이 즐거운 일일까? 바다가 온통 반짝반짝 빛날 때 말이다. 하지만 사실 태양은 위험하다. 지친 채로 계속해서 뜨거운 햇볕 아래 노를 젓는 것은 자살 행위일 수도 있다.
태양이 내리쬘 때 도바는 챙이 있는 모자를 절대 벗지 않았다. 휘어진 손잡이 위에 빗물받이로 놓았던 천은 햇빛을 가리는 양산 역할을 훌륭히 했다. 두 번째 대서양 횡단 때에는 휘어진 손잡이가 작아져서 해를 가리는 데 그다지 유용하지 않았다. 오직 모자로만 버텨야 했다.

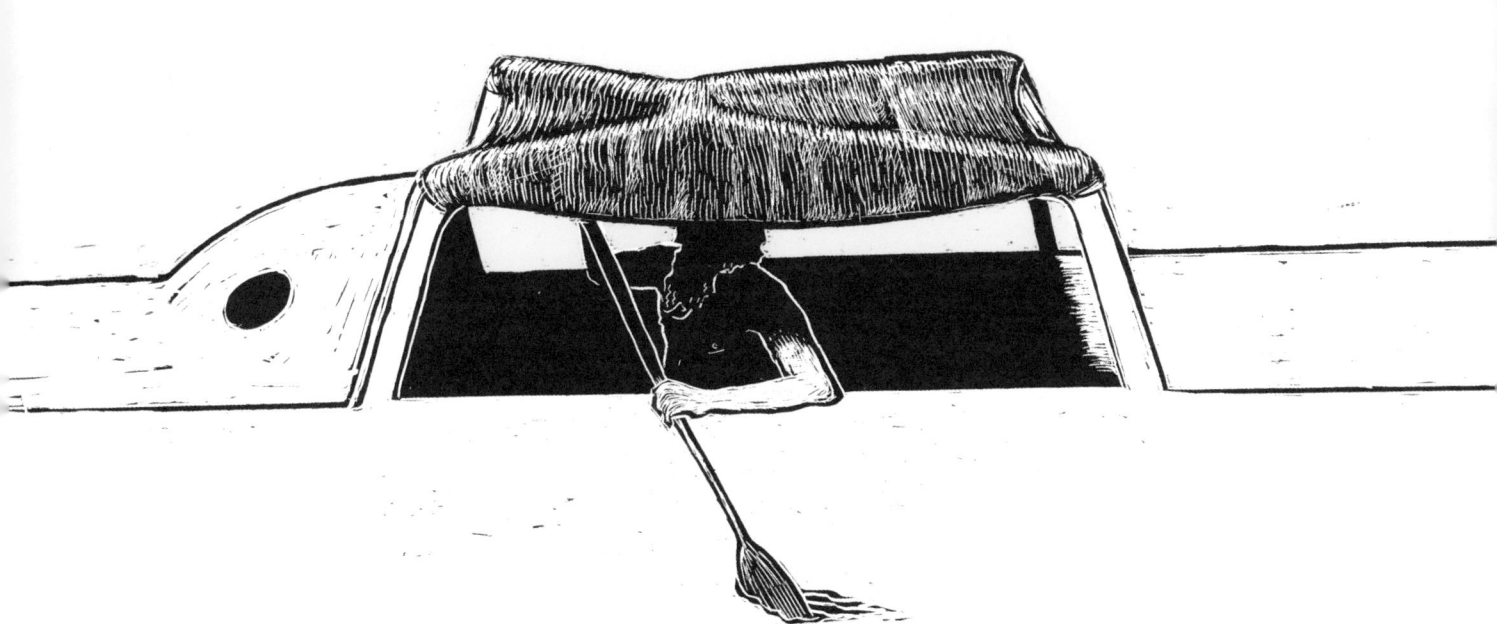

키 -
카약의 꼬리에 붙은
움직이는 지느러미.
배의 방향을 유지하거나
바꾸는 데 쓰인다.
키가 제대로 움직이지
않으면 항로를 제대로
따라갈 수 없다.

담수화 기계

첫 번째 횡단 때 10주도 지나지 않아 전기로 작동하는 담수화 기계가 고장 났다. 도바는 기계를 분해하고 수리를 시작했다. 전선과 나사를 모두 깨끗하게 닦고 다시 조립해서 작동해 보았다. 아무 일도 일어나지 않았다. 물은 나오지 않았다. 도바는 몇 번이나 기계를 고치려고 해 보았지만 아무런 소용이 없었다. 그 후로 도바는 비상시에 대비해서 가져온 수동 담수화 기계를 써야 했다. 한 시간 내내 펌프질을 해도 물은 3L 정도밖에 나오지 않았다. 며칠 이렇게 하다가 발을 쓰기 시작했다. 손보다는 힘이 덜 들고 다리 운동도 되었다. 운명의 장난인지, 다음 항해에서도 새 담수화 기계가 고장 났다. 도바는 여러 번 기계를 분해하고 나서야 고장의 원인을 알아냈다. 수천 대의 기계 중에 하나 있는, 공장에서부터 잘못 만들어진 불량품이었다. 카약으로 바다를 건너는 유일한 사람에게 하필 그 기계가 걸렸던 것이다.

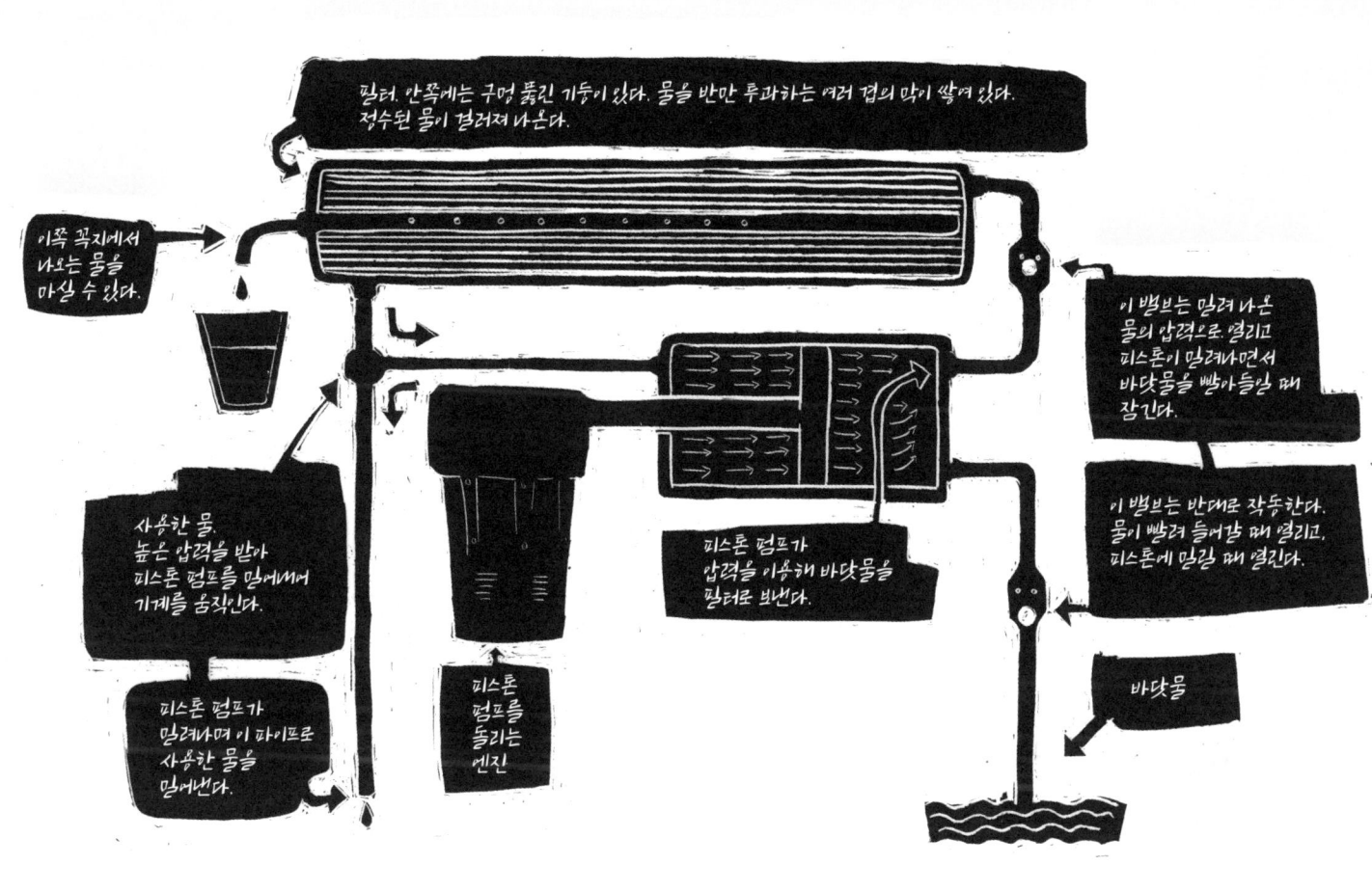

카약은 어디 있을까?

두 번째 대서양 횡단에서 GPS 위치 송신기가 고장 났다. 금이 간 버튼 사이로 들어간 물 때문이었다. 기계가 위치 신호를 보내지 못하자 안제이 아르민스키는 도바가 어디에 있는지 알 수 없었다. 도바는 오래된 기계를 예비로 가지고 있었다. 가끔 그 기계를 켰다. 건전지가 별로 없어서 아껴 써야만 했다.

위치 송신기에는 중요한 2개 버튼이 있다. 'HELP' 버튼을 누르면 몇몇 지정한 사람에게 신호를 보낸다. 구조 요청을 하는 것은 아니다. 'SOS' 버튼은 구조 신호를 보내는 것이다. 이 버튼을 누르면 바로 구조대로 연락이 간다.

AAA 건전지는 많았지만 고장 난 위치 송신기에 맞는 것이었다.

AA 건전지는 얼마 없었는데, 제대로 작동하는 오래된 위치 송신기에 맞았다.

바다 위의 고요

두 번째 대서양 횡단에서는 중간에 위성 전화가 작동하지 않았다. 원인은 습기도 기계 문제도 아니었다. 도바의 전화 요금 계정에 돈이 부족했기 때문이다. 가족이나 친구들은 그 상황을 알 수 없었다. 어떻게 해야 할까?

오해

안제이 아르민스키는 'HELP' 신호를 5번이나 받았다. 아르민스키는 폴란드 그디니아에 있는 해상 구조대에 연락했고, 그디니아는 미국의 해상 구조대에 연락을 했다. 도바의 목숨이 위험하다는 소식이 바다를 건너 전해졌다. 근처에 있던 배들이 수색에 나섰다. 해가 지기 전에 그리스의 배 '니소스 델로스'가 지그재그로 항로를 변경해 도바와 카약을 찾았다. 선원들이 도와주려 했지만, 도바는 구조를 원하지 않았다! 힘차게 손을 흔들고 고개를 가로저으며 손가락으로 전화를 가리켰다. 그리고 영어로 '전화가 고장 났어요!'라고 외쳤다. 무슨 일이 일어났을까? 도바는 'HELP' 신호를 보내서 전화가 고장 난 것을 알리려 했던 것이다. 이 신호가 미국 구조대를 움직이고 가족을 걱정시킬 것이라는 생각은 전혀 하지 못했다. 이 사실을 알게 된 아내가 도바의 계정을 충전했지만, 통화는 여전히 연결되지 않았다……

통신 두절

알 수 없는 고장은 도바의 친구이자 미국에서 연락을 맡고 있던 피오트르 흐미엘린스키도 불안하게 만들었다. 도바가 문자를 받을 수 있는지 시험해 봐야 했다. 도바에게 이런 문자를 보냈다.

2014년 1월 12일
올렉(알렉산데르의 애칭), 문자를 잘 받았다면 내일은 위치 송신기를 켜지 말고 모레 켜 봐.

2014년 1월 15일
올렉, 내일 아침 10시랑 오후 4시에 전화기를 켜. 그럼 문자가 제대로 갔다고 생각할게.

도바는 시킨 대로 했다. 피오트르가 말한 시간에 전화기를 켰다. 피오트르 흐미엘린스키는 전화를 충전하는 데 문제가 있다고만 생각하고, 전화기가 고장 났다는 생각은 못 했다. 며칠 동안이나 연락을 취하려고 노력한 결과, 2014년 2월 3일 전화기 화면에 다시 통신이 된다는 메시지가 떴다. 문제가 무엇인지 파악하는 데에는 47일이나 걸렸다. 문제는… 전화 요금을 충전할 때 전화번호를 착각해서 다른 사람의 계정에 충전한 것이다. 이런 일은 정말 드물었다. 그런데 하필이면 혼자서 카약으로 대서양을 건너는 사람에게 일어나다니!

오랜 통신 두절은 심각한 결과를 가져왔다. 안제이 아르민스키는 전화가 고장 났다고 확신하고 일기 예보를 보내지 않았다. 도바는 바람을 피하기 위해 어느 쪽으로 가야 할지, 어디를 돌아가야 하는지 알 수 없었다. 그러다 버뮤다 삼각지대에 도달하고야 말았다. 변덕스럽고 강한 남쪽 바람이 카약을 마치 작은 공처럼 가지고 놀았다. 그 바람은 여러 방향에서 불며 이 이상한 지역에서 빠져나가기 어렵게 했다.
다시 통신이 연결되었을 때에야 도바는 경고를 받을 수 있었다.

폭풍우가 온다!

도바는 카약으로 자연에 맞설 준비를 하고 선실로 몸을 피했다. 강한 돌풍과 엄청나게 큰 파도가 카약을 흔들었다. 쾅! 이상한 소리가 들렸다. 밖을 내다보자, 키가 부러진 것이 보였다. 키 없이 카약은 바다의 바람과 해류를 맞설 수 없었다.
부러진 부분을 수리해야 했지만 필요한 도구가 없었다. 하지만 도바는 포기하지 않았다.

부러진 키

도바는 버뮤다에서 400km 떨어진 곳에 있었다. 항해를 멈추지 않고, 섬까지 가서 카약을 수리한 후 키가 부러진 지점으로 다시 돌아와 항해를 계속할 계획이었다.
피오트르 흐미엘린스키가 도왔다. 버뮤다로 비행기를 타고 와서 고기잡이배를 빌려 도바를 만나러 온 것이다. 배가 가까이 오는 것을 본 도바는 얼른 수영복을 입고 '집'을 청소하고 손을 흔들어 인사했다. 얼굴에 함박웃음이 번졌다. 간절히 기다렸던 친구를 만난 것이다. 물 위에서의 정다운 만남 후 고기잡이배는 떠나갔고 도바는 다시 노를 저었다.
섬 가까이에는 뾰족한 바위들이 바다 위로 튀어나와 있었고, 바닷속 산호초는 보이지 않는 장애물이었다. 파도가 카약을 때리며 해안선 가까이로 카약을 밀었다.
날이 밝기 두 시간 전이 되어서야 피오트르 흐미엘린스키가 탄 고기잡이배가 다시 '올로'로 다가왔다. 안전한 구간에 이르러 카약과 함께 항구로 향했다.
아침이 되자 목적지에 다다랐다. 도바는 지역 주민의 환영을 받으며 육지에 발을 디뎠다. 142일 만이었다. 버뮤다에서 키를 고치는 데에는 몇 시간밖에 걸리지 않았다. 진짜 문제는 도바와 '올로'가 항해를 멈춘 지점으로 다시 돌아가는 것이었다.

도바는 매일 항구로 나가 항해 지점으로 돌아가는 데 도움을 줄 만한 배가 있나 살펴보았다. 하지만 허리케인이 발생하는 시기가 가까워 배들이 항해를 피하고 있었다.
아름다운 섬에 상륙한 것은 멋진 일이지만 원치 않는 휴식이 길어지자 도바는 조바심이 났다. 도바의 고민은 지역 신문에도 실렸다. 기사를 읽은 부유한 사업가 짐 버터필드가 도바를 도우러 나섰다. 자신의 요트 '스피릿 오브 버뮤다'로 도바와 '올로'를 항해가 멈춘 자리까지 데려다 주기로 한 것이다.
다시 항해를 시작하고 이틀이 지나자 날씨가 매 시간 나빠졌다. 바람은 점점 더 세졌다. 요트는 폭풍을 피하기 위해 방향을 돌려야 했다. 도바는 선장에게 제발 카약을 띄워 달라고 부탁했다. 줄에 매달린 카약은 위험하게 이리저리 흔들렸다. 여러 명이 달라붙어 요트에서 카약을 밀어냈다. 도바는 카약으로 뛰어들었다. "줄을 놓아요!" 도바가 고함을 질렀지만 이미 카약에 가속도가 붙어 요트와 충돌하고 말았다. 쾅! 휘어진 손잡이가 도바의 무릎 위로 떨어졌다.
도바의 모험이 이렇게 끝났구나……. 최소한, 요트에 탄 사람들은 모두 그렇게 생각했다.

적으면 적을수록 좋아

도바는 오히려 좋아했다! 전부터 휘어진 손잡이를 없애 버리고 싶었다. 반대 방향에서 바람이 불면 저항이 세져 카약의 속도를 느리게 만드는 원인이라 생각했던 것이다. 도바는 휘어진 손잡이 없이도 카약이 충분히 안전하다고 생각했다.
놀란 사람들을 향해 만족한 표정의 도바가 손을 흔들었다. 휘어진 손잡이에서 레이다 안테나와 항해등을 떼어 내고 손잡이는 상어 밥으로 던져 버렸다. 항해의 끝까지는 2,253km도 남지 않았다. 콜라 병과 주스 병은 깨진 등갓을 다시 만드는 데 유용했다. 휘어진 손잡이가 빠진 구멍에 도바는 예비용 노를 꽂고 꼭대기에 안테나를 달았다. 이제 카약은 다시 길을 떠날 준비를 마쳤다.

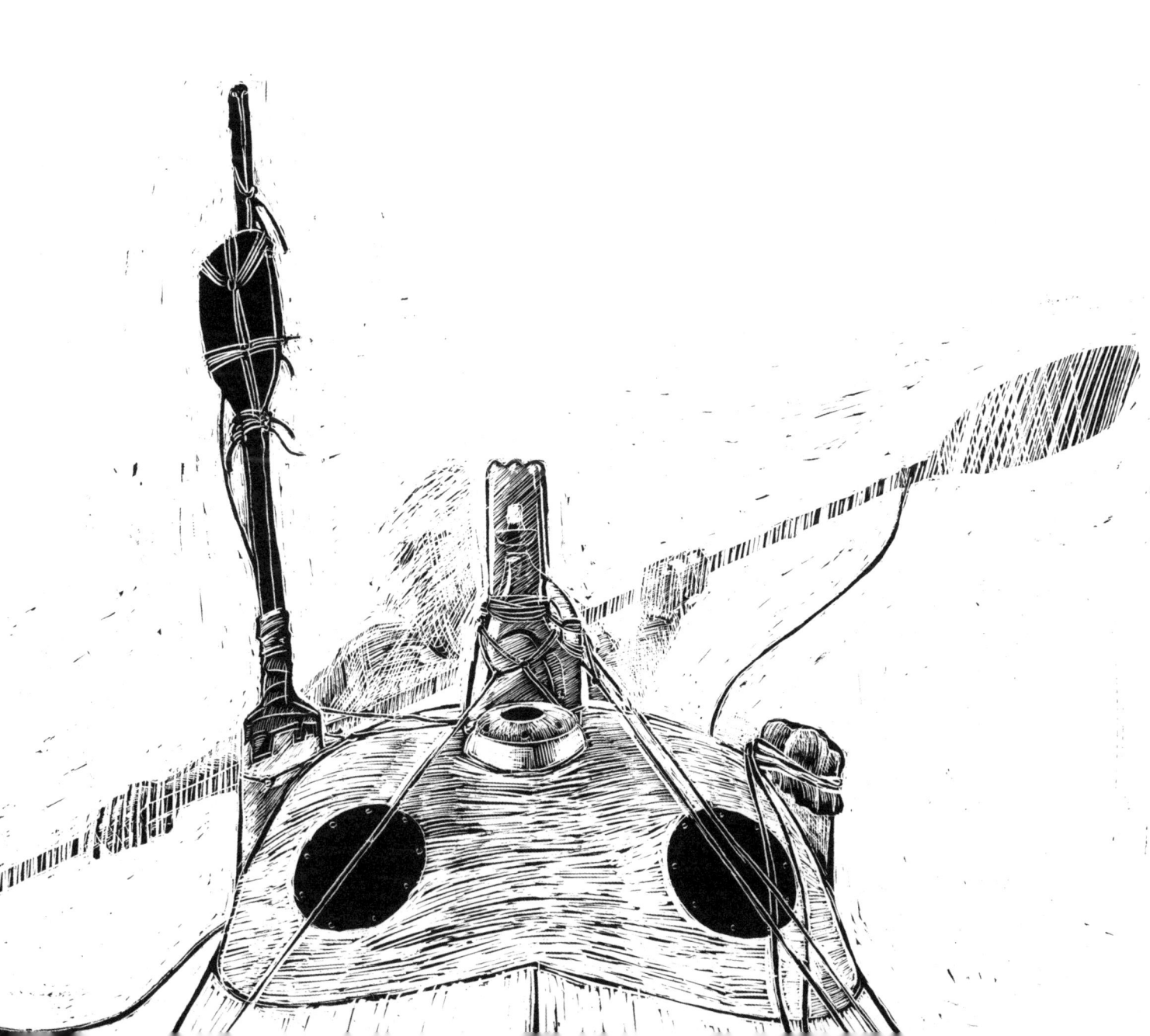

몇 달이 흐른 후

2번의 대서양 횡단에서 도바는 몇천 킬로미터를 운항하고 수많은 모험을 겪었다. 항해가 거의 마무리될 쯤에는 언제나 이제 끝이라며 기뻐했다. 하지만 발이 육지에 닿지 않은 한, 끝까지 집중해야 했다. 바다에서는 언제든 무슨 일이라도 생길 수 있었다.
첫 번째 횡단에서 남미 대륙에 도착할 때, 두 번째 횡단에서 북미 대륙에 도착할 때 도바는 해안의 거센 해류와 모래톱, 튀어나온 암초와 맞서야 했다. 대서양은 거센 악수를 나눈 후에야 도바를 보내 주었던 것이다.
기술과 인내심으로 도바는 자연과의 싸움에서 승리를 거두고 해안에 다다랐다.

마중

대서양 횡단의 마지막 순간에 도바는 혼자가 아니었다.
수많은 카약이 도바를 환영하기 위해 마중 나온 것이다. 카약으로 이루어진 호위대는 도바와 함께 미국의 해안에 다다랐다.
친구, 응원하던 사람들, 공무원들도 기다리고 있었다. 환영이 끝도 없이 이어졌다.
도바는 언제나처럼 활짝 웃으며, 다음번 모험은 언제, 그리고 어디로 떠날지 생각하고 있었다. 바다에서 다시 만날 때까지 안녕!

세 번째 대서양 카약 횡단은 2016년 5월 29일
미국 뉴욕에서 시작했다.
3일째 되는 날 사고로 항해를 중단했다.
다음 해에 항해를 다시 이어 나갔다.
시작: 미국 뉴저지의 반갓. 2017년 5월 16일.
끝: 프랑스, 르콩케. 2017년 9월 3일.

두 번째 대서양 카약 횡단은 167일이 걸렸고 두 부분으로 나뉜다.
시작: 포르투갈, 리스본. 2013년 10월 5일.
버뮤다에서 중단: 2014년 2월 24일~2014년 3월 25일.
끝: 미국 뉴서머나비치. 2014년 4월 19일.

첫 번째 대서양 카약 횡단은 98일이 걸렸다.
시작: 세네갈, 다카르. 2010년 10월 26일.
끝: 브라질, 아카라우. 2011년 2월 2일.

도바의 대서양 카약 횡단은 모두 특별하고 또 힘들었다. 하지만 가장 고생스러웠던 것은 세 번째 횡단이었다.
도바가 건넌 북극 해로는 춥고 폭풍우가 많이 치며 갑작스럽고 예상하기 힘든 차가운 바람으로 가득한 곳이었다.
다른 횡단에서처럼 바람에 맞섰지만, 이번에는 시간과도 맞서야 했다. 8월 말과 9월은 바다에서 허리케인이 발생하는 시기였다. 그래서 일정이 하루만 늦어져도 풍랑을 만날 위험이 커졌다. 도바는 이때 생애 가장 큰 폭풍우도 만났다. 보퍼트 풍력 계급(0에서 12까지 13등급으로 나눈 바람의 세기 등급) 기준으로 8~10등급의 바람이 불었다. 거대한 파도가 이틀 밤 내내 카약을 때렸지만, 탈진한 것 빼고는 도바도 카약도 무사했다.
111일 동안의 항해는 힘들었지만 성공적으로 끝났고, 도바는 프랑스 해안에 도착했다. 엿새 후 도바는 가족과 친구들과 함께 일흔한 번째 생일을 축하했다.

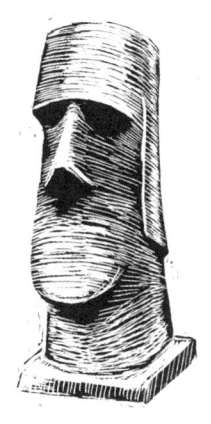  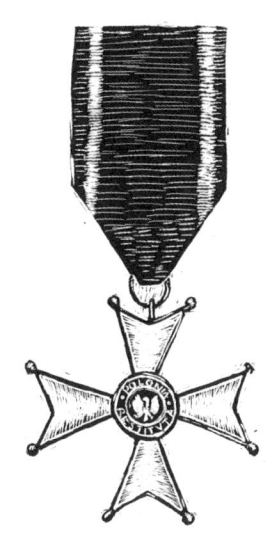

상

도바는 카약으로 대서양을 건너 대륙 간 횡단을 한 첫 번째 사람이다. 이 업적으로 2015년 내셔널지오그래픽의 '올해의 여행가'상을 받았다. 2013년, 수퍼 콜로사상도 받았다. 폴란드에서는 코모로프스키 대통령이 수여하는 폴란드 십자 기사 훈장을 받았다.

글_아가타 로트-이그나치욱

폴란드 바르샤바의 미술 아카데미에서 공부했다. 생태와 모험에 관한 이야기를 재미있는 방식으로
독자들에게 선보이는 그래픽 노블 및 어린이책 작가이다.
지은 책으로 《일 년 안에 북극에 도달하는 방법 – 마렉 카민스키》
《박물관의 드라카》《모두 팬케이크를 먹어요》 등이 있다.

그림_바르트워미에이 이그나치욱

폴란드 단치히 조형예술학교에서 회화와 그래픽 디자인을 공부했다. 일러스트레이터이자 광고,
TV 시리즈 및 장편 영화 감독이기도 하다. 지은 책으로 《일 년 안에 북극에 도달하는 방법 – 마렉 카민스키》
《박물관의 드라카》 등이 있다.

옮김_이지원

한국외국어대학교에서 폴란드어를 공부하고 폴란드에서 어린이책 일러스트레이션의 역사를 연구해
박사 학위를 받았다. 지금은 학생을 가르치며 어린이책 기획과 연구에 힘쓰고 있다.
기획한 책으로 《생각하는 ㄱㄴㄷ》《생각하는 ABC》 등이 있고, 옮긴 책으로 《잃어버린 영혼》
《평등한 나라》《꿀벌》《두 사람》 등이 있다.

이 책이 만들어질 수 있도록 믿음과 지지를 보내 준 알렉산데르 도바에게 감사를 전합니다.
또한 아그니에슈카 코시미츠카, 막달레나 크루셰프스카, 마테우슈 라부다, 마치에이 실루사렉과
엘쥬비에타 죠호프스카에게도 감사의 인사를 보냅니다.

도바의 바다 : 카약으로 대서양을 건너는 방법
제1판 제1쇄 발행일 2020년 11월 24일

글쓴이·아가타 로트-이그나치욱 | 그린이·바르트워미에이 이그나치욱 | 옮긴이·이지원

펴낸이·곽혜영 | 주간·오석균 | 편집·최혜기, 박철주 | 디자인·소미화 | 마케팅·권상국 | 관리·김경숙
펴낸곳·도서출판 산하 | 등록번호·제300-1988-22호
주소·03385 서울특별시 은평구 연서로26길 27 2층, 대한민국
전화·(02)730-2680(대표) | 팩스·(02)730-2687
홈페이지·www.sanha.co.kr | facebook.com/sanha83 | 전자우편·sanha0501@naver.com

HOW TO CROSS THE ATLANTIC BY KAYAK
Text © Agata Loth-Ignaciuk
Illustrations © Bartłomiej Ignaciuk

Originally published in 2017 under the title "Doba na oceanie Jak przepłynąć Atlantyk kajakiem?" by Wydawnictwo Druganoga, Warsaw, Poland.
Korean translation rights arranged through Mr. Ivan Fedechko-IFAgency, Lviv, Ukraine and Agency One Korea.

이 책의 한국어판 저작권은 에이전시 원을 통해 저작권자와의 독점 계약으로 도서출판 산하에 있습니다.
저작권법에 의해 한국 내에서 보호를 받는 저작물이므로 무단전재와 복제를 금합니다.

ISBN 978-89-7650-532-3 07890

* 이 도서의 국립중앙도서관 출판시도서목록(CIP)은 e-CIP 홈페이지(http://www.nl.go.kr/ecip)와
국가자료공동목록시스템(http://www.nl.go.kr/kolisvet)에서 이용하실 수 있습니다.(CIP제어번호:CIP2020043626)
* 이 책의 내용은 옮긴이와 출판사의 동의 없이 사용할 수 없습니다.

〈도바의 바다〉는 폴란드 번역 프로그램의 지원을 받아 출판한 책입니다.
This publication has been supported by the ©POLAND Translation Program